NOUVELLES LEÇONS DE LECTURE COURANTE

A L'USAGE
DES ÉCOLES PRIMAIRES, DES ÉCOLES NORMALES
ET DES CLASSES D'ADULTES

PAR A. AULARD
Inspecteur d'Académie
Chevalier de la Légion d'honneur

PARIS
LIBRAIRIE DE L. HACHETTE ET Cie
BOULEVARD SAINT-GERMAIN, N° 79

1870

NOUVELLES LEÇONS

DE

LECTURE COURANTE

VRAGES DU MÊME AUTEUR

PUBLIÉS PAR LA MÊME LIBRAIRIE

Premières leçons de lecture courante. 1 volume in-18, cartonné, 59 c.

Deuxièmes leçons de lecture courante. 1 volume in-18, cartonné, 50 c.

Ces deux ouvrages ont été couronnés par la Société pour l'instruction élémentaire.

10950. — Imp. gén. de Ch. Lahure, rue de Fleurus, 9, à Paris.

NOUVELLES LEÇONS

DE

LECTURE COURANTE

A L'USAGE DES ÉCOLES PRIMAIRES, DES ÉCOLES NORMALES
ET DES CLASSES D'ADULTES.

PAR A. AULARD

Inspecteur d'Académie
Chevalier de la Légion d'honneur

PARIS

LIBRAIRIE DE L. HACHETTE ET Cie

BOULEVARD SAINT-GERMAIN, N° 77

1870

PRÉFACE.

Les *Nouvelles leçons* complètent notre série de petits livres de lecture, particulièrement destinés aux écoles primaires : même plan, même préoccupation d'éclairer, d'élever à la fois le cœur et l'esprit.

Il y a cependant entre ce livre et ceux qui le précèdent une différence considérable qu'il importe de faire connaître.

Les volumes intitulés *premières* et *deuxièmes leçons* suffisent aux divisions élémentaires. Ils sont de peu d'étendue, parce que les lectures quotidiennes des jeunes enfants doivent être courtes. Nous l'avons déjà dit : Une séance, dans laquelle toute la division lit et relit une seule page (c'est assez de quelques lignes ou d'un paragraphe pour chaque écolier) avec l'intonation qui convient, et en insistant sur les liaisons, sur les explications du texte, sur les interrogations, est infiniment plus fructueuse qu'une séance consacrée à une longue lecture, mal digérée, mal comprise, écoutée souvent d'une oreille distraite par le maître, qui se tient pour satisfait lorsqu'il entend des sons ininterrompus et pas trop discordants.

N'insistons pas : les bons instituteurs savent à quoi s'en tenir sur ce point.

Dans les *Nouvelles leçons*, nous avons affaire à la division supérieure. Nos élèves ont déjà du sens, des idées ; ils sont en état d'aller plus loin. Ils savent qu'il y a des livres destinés aux bibliothèques scolaires, et ils veulent devenir capables de les lire. En un mot, ils ont le goût d'apprendre.

C'est à ce désir, j'allais dire à cette ambition, que nous avons voulu répondre. Nous avons essayé d'initier par degrés, insensiblement, ces enfants qui seront demain des adultes à la connaissance et à l'admiration de quelques-uns des plus illustres représentants de l'esprit humain. Nous nous sommes efforcé, par des citations choisies avec soin et accompagnées de brèves notices, d'éveiller ou d'entretenir la plus utile et la plus noble des curiosités, et de hâter, autant qu'il est en nous, le mouvement qui s'accomplit dans cette direction depuis plusieurs années. Nous avons pensé, en outre, que c'était la meilleure manière de seconder la généreuse entreprise des éditeurs, qui publient à l'usage des bibliothèques scolaires et des cours d'adultes, les chefs-d'œuvre des grands écrivains de notre littérature et des littératures anciennes ou étrangères.

NOUVELLES LEÇONS
DE
LECTURE COURANTE.

I

Le limaçon et le ver luisant.

Un limaçon et un ver luisant habitaient ensemble sur un tertre. Ils étaient bons amis, quoique le ver fût un peu vaniteux. Il ne se lassait pas de parler de lui-même et de *célébrer son mérite.*

« Mon pauvre camarade, disait-il une fois à son voisin, je plains ton sort. Personne ne fait attention à toi. Le jour, tu passes inaperçu sous les herbes; à l'approche de la nuit, tu rentres dans ta coquille, et toute ta joie est de *dormir comme un soliveau.*

« Moi, j'ai *mes heures de gloire.* Dès que l'ombre descend de la montagne, je brille d'un vif éclat. Je suis l'*astre* qui éclaire nos domaines ; tous les insectes ont les yeux fixés sur moi. L'homme lui-même s'arrête pour m'admirer.

— Il n'est que trop vrai, murmura mélancoliquement le limaçon, j'ai un destin triste et obscur ; ta vie, à toi, est bienheureuse !... »

Comme ils *devisaient* de la sorte, une troupe d'écoliers envahit la colline. « Un ver-luisant ! un ver luisant ! criaient-ils. » Le ver ne se sentait pas de joie.

Court fut son *triomphe :* un bambin le prit lestement et l'écrasa entre ses doigts.

II

A demain.

« Je labourerai demain mon champ, disait Jeannot : il ne faut pas perdre de temps, car la saison s'avance; et si je négligeais de cultiver mon champ, je n'aurais point de blé, et par conséquent point de pain. »

Le lendemain arriva. Jeannot était debout dès l'aurore; il songeait déjà à prendre sa charrue, lorsqu'un de ses amis vint l'inviter à un festin de famille. Jeannot hésita d'abord; mais, en y réfléchissant, il se dit : « Un jour plus tôt ou plus tard, ce n'est rien pour mon affaire, et un jour de plaisir perdu l'est toujours. » Il alla au festin de son ami.

Le lendemain, il fut obligé de se livrer au repos, car il avait un peu trop bu, un peu trop mangé, et il avait mal à la tête et à l'estomac. « Demain, nous *réparerons* cela, » dit-il en lui-même.

Demain vint ; il plut : Jeannot eut la douleur de ne pouvoir sortir de la journée.

Le jour suivant, le soleil était beau, et Jeannot se sentait plein de courage : malheureusement son cheval était malade à son tour. Jeannot *maudit* la pauvre bête.

Le jour suivant était un jour de fête ; on ne pouvait se livrer au travail. Une nouvelle semaine commence, et en une semaine *on expédie* bien de la besogne.

Il commença par aller à une foire des environs; il n'avait jamais manqué d'y aller; c'était la plus belle foire à dix lieues à la ronde. Il alla ensuite à la noce d'un de ses plus proches parents : il alla même à un enterrement. Enfin, il s'arrangea si bien, que lorsqu'il se mit à labourer son champ, la saison des semis était passée : aussi n'eut-il rien à récolter.

Quand vous avez quelque chose à faire, faites-le tout de suite; car si vous êtes maître du présent, vous ne l'êtes pas de l'avenir. Celui qui *remet toujours ses affaires* à demain court grand risque de n'en terminer aucune.

III

Instructions de Tobie à son fils.

Tobie, croyant que Dieu exaucerait la prière qu'il lui avait faite de pouvoir mourir, appela son fils Tobie,

Et il lui dit : Mon fils, Écoutez mes paroles et mettez-les dans votre cœur comme un fondement solide.

Lorsque Dieu aura reçu mon âme, ensevelissez mon corps et honorez votre mère tous les jours de sa vie.

Car vous devez vous souvenir de ce

qu'elle a souffert et à combien de périls elle a été exposée lorsqu'elle vous portait dans son sein.

Et quand elle aura ainsi elle-même achevé le temps de sa vie, ensevelissez-la auprès de moi.

Ayez Dieu dans l'esprit tous les jours de votre vie, et gardez-vous de consentir jamais à aucun péché, et de violer les préceptes du Seigneur notre Dieu.

Faites l'aumône de votre bien et ne détournez votre visage d'aucun pauvre; car de cette sorte, le Seigneur ne détournera pas de vous son visage.

Soyez charitable en la manière que vous le pourrez.

Si vous avez beaucoup de bien, donnez beaucoup : si vous en avez peu, ayez soin de donner de ce peu même, de bon cœur.

Car vous amasserez ainsi un grand trésor et une grande récompense pour les jours de nécessité.

Parce que l'aumône délivre de tout péché et de la mort, et qu'elle ne laisse point tomber l'âme dans les ténèbres.

L'aumône sera le sujet d'une grande confiance devant le Dieu *suprême* pour tous ceux qui l'auront faite.

Ne souffrez jamais que l'orgueil domine ou dans vos pensées ou dans vos paroles; car c'est par l'orgueil que tous les maux ont commencé.

Lorsqu'un homme aura travaillé pour vous, payez-lui aussitôt ce qui lui est dû pour son travail. Ne retenez sous aucun prétexte le salaire de l'ouvrier.

Prenez garde de ne faire jamais à un autre ce que vous seriez fâché qu'on vous fît.

Mangez votre pain avec les pauvres et avec ceux qui ont faim, et couvrez de vos vêtements ceux qui sont nus.

Demandez toujours conseil à un homme sage.

Bénissez Dieu en tout temps et demandez-lui qu'il conduise et rende droites *vos voies*, et ne faites fond que sur lui pour tous vos desseins.

IV

Le diseur de riens.

La sotte envie de *discourir* vient d'une habitude qu'on a contractée de parler beaucoup et sans réflexion. Un homme qui veut parler, se trouvant assis proche d'une personne qu'il n'a jamais vue et qu'il ne connaît point, *entre* d'abord *en matière*, l'entretient de sa femme, et lui fait son éloge, lui conte son songe, lui fait un long détail d'un repas où il s'est trouvé, sans oublier le moindre mets, ni *un seul service*; il s'échauffe ensuite dans la conversation, déclame contre le temps présent et soutient que les hommes qui vivent présentement ne valent point leurs pères : de là il se jette sur ce qui *se débite* au marché, sur la cherté du blé, sur le grand nombre d'étrangers qui sont dans la ville ; il dit qu'au printemps la mer devient navigable ; qu'un peu de pluie serait utile aux biens de la terre et ferait espérer une bonne récolte ; qu'il cultivera son champ l'année prochaine et qu'il le mettra en valeur : que le *siècle est dur* et qu'on a bien de la peine à vivre.

V

A mon petit potager.

Petit terrain qui sais fournir
De doux fruits mon petit ménage,
Où ma laitue *aime à venir*,
Où ton chou croît pour mon potage,
Je veux tout bas t'entretenir ;

Réponds-moi, j'*entends* ton langage.
Si je voyageais? — Et pourquoi?
Es-tu las d'être bien chez toi?
— Je voudrais vivre avec les hommes.
— Avec eux! mais ils sont presque tous
Des méchants, des sots ou des fous,
Surtout dans le siècle où nous sommes.
— De leur plaire je prendrai soin;
J'en aimerai quelqu'un peut-être;
Mon esprit se plaît à connaître;
Plus instruit, je verrai plus loin.
— Que dis-tu là, mon pauvre maître?
Crois-moi, trop penser ne vaut rien,
Trop sentir est bien pire encore.
Déjà ma pêche *se colore*,
Mes melons te feront du bien.
— Il me faudra donc au village,
Vieillir sans nom sous mon treillage!
Je pourrai voir à loisir
Mes lézards aller et venir,
Sous les murs de mon ermitage.
— Est-ce un malheur? va, plus d'un sage,
Dans les soupirs, dans les dégoûts,
Du bonheur, sur *des flots jaloux*,

Poursuivant la trompeuse image,
S'est écrié dans son naufrage :
Ah ! si j'avais planté mes choux ! »

VI

Le cerisier.

« A quoi sert d'apprendre? celui qui n'a pas été en classe vaut autant que celui qui a beaucoup étudié. Nous sommes ce que Dieu nous a faits; un peu plus ou un peu moins d'instruction ne nous change guère. »

Ainsi parlait un jeune paysan qui avait toujours fui l'école et qui essayait de justifier sa conduite. Il se plaisait à répéter : « A quoi sert d'apprendre? »

Le maître de la ferme où il travaillait lui donna une leçon que je vais vous raconter.

C'était à l'époque de la greffe.

« Nicolas, dit-il, j'ai là un cerisier qui ne

produit que de chétives cerises, aigres au goût ; s'il donnait de bons fruits, je le conserverais. Je suis décidé à l'abattre.

— Maître, vous avez raison ; cet arbre ne donnera jamais rien de bon.

— Jamais ! En es-tu bien sûr? Si je le greffais? Essayons. »

Le cerisier fut greffé. Pendant l'*opération* qu'il voyait pour la première fois, le paysan secouait la tête d'un air d'incrédulité et en murmurant : « Un méchant arbre sera toujours un méchant arbre. »

Deux ans plus tard, le cerisier était couvert de cerises superbes, exquises de saveur.

« Il faut avouer qu'elles sont fameusement bonnes, s'écria Nicolas en les goûtant ; et vous avez bien eu raison, notre maître, de ne pas arracher l'arbre.

— Mon garçon, *te voilà pris.* A quoi sert d'apprendre ? à quoi sert de greffer un sauvageon ? L'instruction est pour l'homme ce que la greffe est pour la plante ; elle le rend plus sociable, plus intelligent de ses devoirs et de ses vrais intérêts ; elle adoucit son caractère en élevant son cœur. »

VII

Les années d'apprentissage de Franklin [1].

Dès l'âge de dix ans, son père l'avait employé dans sa fabrique de chandelle ; pendant deux années, il fut occupé à couper des mèches, à les placer dans les moules, à remplir ensuite ceux-ci de suif, et à faire les commissions de la boutique paternelle. Ce métier était peu de son goût. Dans sa généreuse et intelligente ardeur, il voulait *agir*, voir, apprendre. Élevé au bord de la mer, où, durant son enfance, il allait se plonger

1. Benjamin Franklin, né à Boston en 1706, est l'inventeur du paratonnerre.

presque tout le jour dans la saison d'été, e sur les flots de laquelle il s'*aventurait* souvent avec ses camarades en leur servant d pilote, il désirait devenir *marin*. Pour le détourner de cette carrière dans laquelle étai déjà entré l'un de ses fils, son père le conduisit tour à tour chez des menuisiers, de maçons, des vitriers, des tourneurs, etc. afin de reconnaître la profession qui lui conviendrait le mieux. Franklin porta dans le divers ateliers qu'il visitait cette *attentio observatrice* qui le distingua en toutes choses et il apprit à manier les instruments de diverses professions en voyant les autre s'en servir. Il se rendit ainsi capable de fabriquer plus tard avec adresse les petit ouvrages dont il eut besoin dans sa maison et les machines qui lui furent nécessaire pour ses expériences. Son père se décida à le faire coutelier. Il le mit à l'essai che son cousin Samuel Franklin, qui, après s'être formé dans ce métier à Londres, était venu établir à Boston; mais la somme exigée pour son *apprentissage* ayant paru trop forte, il fallut renoncer à ce projet.

Son père, voyant son goût décidé pour les livres, le destina enfin à être *imprimeur*. Il le plaça en 1718 chez l'un de ses fils, nommé James, qui était revenu d'Angleterre l'année précédente, avec une *presse* et des caractères d'imprimerie. Le contrat d'apprentissage fut conclu pour neuf ans. Pendant les huit premières années, Benjamin Franklin devait servir *sans rétribution* son frère qui, en retour, devait le nourrir et lui donner, la neuvième année, le salaire d'un ouvrier.

Il devint promptement très-habile. Il avait beaucoup d'adresse qu'il accrut par beaucoup d'application. Il passait le jour à travailler et une partie de la nuit à s'instruire. C'est alors qu'il étudia tout ce qu'il ignorait, depuis la grammaire jusqu'à la philosophie; qu'il apprit l'arithmétique, dont il savait

imparfaitement les règles, et à laquelle i
ajouta la connaissance de la géométrie et l
théorie de la navigation ; et qu'il fit l'éduca
tion méthodique de son esprit, comme il f
plus tard celle de son caractère. Il y parvint
force de volonté et de privations. Celles-c
du reste, lui coûtaient peu, quoiqu'il prî
sur la qualité de sa nourriture et les heure
de son repos, les moyens et le temps d'ap
prendre. Il avait lu qu'un auteur ancien
s'élevant contre l'usage de manger de l
chair, recommandait de ne se nourrir que d
végétaux. Depuis ce moment, il avait pris l
résolution de ne plus rien manger qui eût e
vie, parce qu'il croyait que c'était une habi
tude à la fois barbare et *pernicieuse*. Pou
tirer profit de sa sobriété *systématique*,
avait proposé à son frère de se nourrir lui
même, avec la moitié de l'argent qu'il dé
pensait pour cela chaque semaine. L'arran
gement fut agréé, et Franklin, se contentan
d'une soupe de *gruau* qu'il faisait grossière

ment lui-même, mangeant debout et vite un morceau de pain avec un fruit, ne buvant que de l'eau, n'employa point tout entière la petite somme qui lui fut remise par son frère. Il économisa sur elle assez d'argent pour acheter des livres, et, sur les heures consacrées au repos, assez de temps pour les lire.

VIII

Les deux voisins.

Deux hommes étaient voisins et chacun d'eux avait une femme et plusieurs petits enfants, et son seul travail pouvait les faire vivre.

Et l'un de ces hommes s'inquiétait en lui-même en disant : « Si je meurs, ou que je tombe malade, que deviendront ma femme et mes enfants? »

Et cette pensée ne le quittait point, et elle *rongeait* son cœur, comme un ver ronge le fruit où il est caché.

Or, bien que la même pensée fût venue également à l'autre père, il ne s'y était point arrêté : « Car, disait-il, Dieu qui connaît toutes ses créatures et qui veille sur elles, veillera aussi sur moi, et sur ma femme, et sur mes enfants. »

Et celui-ci vivait tranquille, tandis que le premier *ne goûtait pas* un instant de repos ni de joie intérieurement.

Un jour qu'il travaillait aux champs, triste et abattu à cause de sa crainte, il vit quelques oiseaux entrer dans un buisson et en sortir, et puis bientôt y revenir encore.

Et s'étant approché, il vit deux nids posés côte à côte, et dans chacun plusieurs petits nouvellement *éclos* et encore sans plumes.

Et quand il fut retourné à son travail, de temps en temps il levait les yeux, et regarait ces oiseaux qui allaient et venaient, ortant la nourriture à leurs petits.

Or voilà qu'au moment où l'une des mères entrait avec sa becquée, un vautour la saiit, l'enlève, et la pauvre mère, se débattant ivement dans ses *serres*; jetait des cris erçants.

A cette vue, l'homme qui travaillait sentit on âme plus troublée qu'auparavant; car, ensait-il, la mort de la mère, c'est la mort es enfants.

Les miens n'ont plus que moi non plus : ue deviendront-ils si je leur manque?

Et tout le jour il fut sombre et triste, et a nuit il ne dormit point.

Le lendemain, de retour aux champs, il e dit : « Je veux aller voir les petits de ette pauvre mère; plusieurs sans doute nt péri. » Et il *s'achemina* vers le buison.

Et regardant, il vit les petits bien porants; pas un ne semblait avoir pâti.

Et ceci l'ayant étonné, il se cacha pour observer ce qui se passerait.

Et après un peu de temps, il entendit un léger cri, et il aperçut la seconde mère rapportant en hâte la nourriture qu'elle avait recueillie, et elle la distribua à tous les petits *indistinctement*, et il y en eut pour tous, et les orphelins ne furent point délaissés dans leur misère.

Et le père qui s'était défié de la Providence raconta le soir à l'autre père ce qu'il avait vu.

Et celui-ci lui dit: « Pourquoi s'inquiéter? Jamais Dieu n'abandonne les siens. Son amour a des secrets que nous ne connaissons point. Croyons, espérons, aimons, et poursuivons notre route en paix.

« Si je meurs avant vous, vous serez le père de mes enfants; si vous mourez avant moi, je serai le père des vôtres.

« Et si l'un et l'autre, nous mourons avant qu'ils soient en âge de pourvoir eux-mêmes leurs nécessités, ils auront pour père le Père qui est dans les cieux. »

IX

Le roi d'Abyssinie et le voyageur.

Un voyageur hardi, curieux de connaître l'intérieur de l'Afrique, s'aventura jusque dans l'Abyssinie.

Le roi de la contrée lui fit maintes questions sur les mœurs et le caractère des Européens, et, charmé de ses réponses, le pria de rester quelque temps dans ses États.

Le voyageur y consentit. Il fut installé *dans le palais* même et magnifiquement traité. Le prince ne se lassait pas de l'entendre; il ne parlait que de lui à ses courtisans qui s'efforçaient de cacher leur dépitt.

Un jour, le bon roi voulut faire partager

son plaisir à ses sujets. L'entretien eut li publiquement. On parla de tout, de l'indu trie, du commerce, des *institutions* et c gouvernements de l'Europe.

Les assistants *étaient suspendus aux lèvi du voyageur*. C'était un monde nouveau c se dévoilait à leurs yeux. On applaudiss bruyamment.

On en vint à parler des saisons. Fait froid chez vous, dit le roi? — Pendant tro mois il gèle; il arrive assez souvent que l rivières se couvrent d'une couche de gla assez épaisse et assez solide pour qu'o puisse les passer à pied sec.... »

Le roi fronça le sourcil : « J'aime la gaiet dit-il; mais je ne supporte pas qu'on r conte des *balivernes* et qu'on ait l'air de moquer de moi. — Je ne plaisante poin Parfois même la glace supporte des voitur lourdement chargées.... — Impertinent! seras châtié de ton insolence. »

Il fit un signe, et le voyageur fut mis à moi

Parmi nous, mes chers enfants, il en est plus d'un qui ressemblent à ce roi d'Abyssinie, et qui refusent de croire ce qu'ils n'ont pas vu, uniquement parce qu'ils ne l'ont pas vu. L'incrédulité n'est pas toujours aussi *intolérante* ni aussi cruelle; mais elle est souvent aussi absurde. Il y a, dans certains cas, autant de petitesse d'esprit à ne pas croire, parce qu'on prend pour mesure de la vérité ou de la réalité son expérience ou son savoir personnel, qu'à tout accepter *sans examen* et sans bonnes raisons.

X

L'ânon.

« Oh ! quand je serai grand, que je m'amuserai !
Quel plaisir d'être libre et d'agir à sa tête !
J'irai, je viendrai, je courrai ;
Je veux voir du pays et je voyagerai ;

Tous mes jours seront des jours de fête.
Au lieu de rester là, tristement attaché,
Et réduit à brouter dans cette *étroite sphère*,
Ainsi que mon père et ma mère
J'irai fièrement au marché,
Mes paniers sur mon dos, agitant ma sonnette;
Chacun m'admirera. — Voyez-vous, dira-t-on,
Comme il a l'oreille bien faite!
Quel jarret ferme et quel air de raison!
C'est une créature en vérité parfaite;
Le voilà maintenant âne et non plus ânon.... [sanc
Quel bonheur d'être grand! Tout devient joui
On est quelqu'un; on peut hausser le ton,
Ce qu'on dit a de *l'importance*,
Et l'on n'est plus traité comme un petit garçon.
Ainsi, dans sa pauvre cervelle,
Raisonnait un jeune grison,
Tout en broutant l'herbe nouvelle.
Le jour qu'il désirait à la fin arriva:
Il devint grand; mais il trouva
Qu'il n'avait pas bien fait son compte,
Lorsqu'il sentit les paniers sur son dos:
« Oh! oh! dit-il, voici de lourds fardeaux;
Mon allure, avec eux, ne sera pas très-prompte.

A peine achevait-il ce mot,
Qu'un coup de fouet le force à partir au grand trot.
La chose lui parut fort dure ;
Il vit bien qu'il fallait renoncer à l'espoir
De n'agir qu'à son gré du matin jusqu'au soir,
De se complaire en son allure,
Et de dire *je veux* à toute la nature.
« Grands, petits, pensa-t-il, ont chacun leur devoir
J'en ai douté dans mon enfance :
Mais je vois trop que, tout de bon,
Le courage et la patience
Sont utiles à l'âne encore plus qu'à l'ânon. »

Moi, mes amis, je crois en somme
Que ce baudet avait raison,
Et que ce qu'il pensait peut s'appliquer à l'homme.

XI

Catherine ou la patience.

Il y avait une fois une jeune fille, *si disgraciée* de la nature qu'on ne pouvait la regarder sans éprouver un sentiment de ré-pulsion et de pitié. A quatorze ans, elle paraissait en avoir dix à peine; elle était louche, boiteuse et un peu voûtée.

Ses camarades se moquaient d'elle et lui donnaient une foule de surnoms peu flatteurs. Elle était, suivant une expression du patois limousin, le *patiras* de sa classe.

Mais rien ne la fâchait. Résignée et douce elle supportait les *quolibets*, opposant la patience à la taquinerie et cherchant toutes les occasions de rendre service, même à celles qui l'avaient le plus cruellement blessée.

Son intelligence, sa docilité, son amour du travail égalaient sa douceur, et sa maîtresse l'admirait et la chérissait, sans pouvoir la défendre contre une incessante persécution.

Devant elle, on n'osait pas insulter la pauvre Catherine; mais lorsqu'elle n'était plus là, les élèves s'en donnaient à cœur joie.

Près de deux ans se passèrent de la sorte.

Quelques jeunes filles sentaient leur cœur fléchir et se reprochaient tout bas leur injustice. Un événement acheva leur *conversion.*

La fièvre typhoïde sévit dans l'école, plusieurs enfants furent atteintes. Oubliant le mal qu'elles lui avaient fait, Catherine s'établit leur garde-malade, les soigna avec un dévouement admirable et ne cessa de veiller que lorsque le fléau eut disparu.

On rouvrit la classe.

Abattue par la fatigue, amaigrie, plus courbée que jamais, la jeune *sœur de charité* alla s'asseoir dans le coin où elle se plaçait d'ordinaire pour se dérober aux regards.

Alors, une grande élève fit un geste. La maîtresse fronça le sourcil; elle redoutait quelque méchanceté et se tenait prête à *intervenir.* Son attente fut heureusement trompée.

Au geste de la grande élève, toutes les petites filles entourèrent Catherine et lui demandèrent pardon de leur conduite passée, l'embrassant à l'envi et priant l'institutrice de la mettre sur le premier banc, au milieu d'elles, comme le modèle et l'honneur de la classe. Ce qui fut fait.

XII

Le danger d'une porte ouverte.

Je me souviens qu'étant à la campagne, j'eus un exemple de ces petites pertes qu'un ménage est exposé à supporter par sa négligence. Faute d'un loquet de peu de valeur, la porte d'une basse-cour qui donnait sur les champs se trouvait souvent ouverte. Chaque personne qui sortait tirait la porte; mais n'ayant aucun moyen extérieur de la fermer, la porte restait battante. Plusieurs animaux de basse-cour avaient été perdus de cette manière. Un jour, un jeune et beau porc s'échappa et gagna les bois. Voilà tous les gens en *campagne :* le jardinier, la cuisinière, la fille de basse-cour, sortirent chacun de leur côté, en quête de l'animal fugitif. Le jardinier fut le premier qui l'aperçut, et, en sautant un fossé pour lui barrer le passage, il se fit une dangereuse foulure, qui le retint plus de quinze jours dans son lit. La cuisinière trouva brûlé du linge qu'elle avait abandonné près du feu pour le faire sécher ; et la fille de basse-cour, ayant quitté l'étable sans se donner le temps d'attacher les bestiaux. une des vaches, en son absence, cassa la jambe d'un poulain qu'on élevait dans la même écurie. Les journées perdues du jardinier valaient bien soixante francs ; le linge et le poulain en valaient bien autant : voilà donc en peu d'instants, faute d'une fermeture de quelques sous, une perte de cent vingt francs, supportée par des gens qui avaient besoin de la plus stricte économie, sans parler ni des souffrances causées par la maladie, ni de l'inquiétude et des autres inconvénients étrangers à la dépense. Ce n'étaient pas de grands malheurs ni de grosses pertes ; cependant, quand on saura que le défaut de soin renouvelait de pareils accidents tous les jours, et qu'il entraîna finalement la ruine d'une famille honnête, on conviendra qu'il valait la peine d'y faire attention.

XIII

La routine et le progrès.

Il y avait une fois deux laboureurs dont les champs se touchaient. L'un cultivait ses terres comme son père les avait cultivées. *Rebelle à toute idée nouvelle*, il s'irritait quand on lui parlait d'améliorations ou de progrès, ou bien il secouait la tête d'un air *narquois* en disant : « Je ne suis pas assez sot pour croire à ces belles réformes qu'on nous conseille dans les livres. L'expérience de nos anciens est mon guide; je n'en veux pas avoir d'autre. »

Le voisin, au contraire, lisait les ouvrages d'agriculture que lui prêtait la bibliothèque scolaire, *innovait* avec prudence, *consultant ses ressources*, achetant de temps à autre une machine recommandée par le comice agricole, corrigeant la stérilité du sol par des *amendements*, ne se laissant pas décourager par un premier essai infructueux.

Au bout de quelques années, les revenus de son bien avaient doublé.

C'est à cette époque que la culture des prairies *artificielles* opéra une révolution dans *l'économie rurale*. La première condition d'une bonne récolte, c'est l'engrais. Or, pour obtenir une plus grande quantité d'engrais, il faut nourrir un plus grand nombre d'animaux; et, pour arriver à ce dernier résultat, il faut avoir une plus grande somme de nourriture à dépenser.

Les prairies naturelles ne se peuvent obtenir que dans certaines terres *privilégiées*, tout à la fois riches de sol et arrosées largement.

Le trèfle et la luzerne, au contraire, viennent bien presque partout ; et la terre qui les a portés pendant quelques années donne, si on l'ensemence en blé, d'abondantes récoltes.

Le maire, qui recevait un journal d'agriculture, fit part à ses administrés de la nouvelle découverte. Presque tous, notre retardataire en tête, demeurèrent incrédules. Pour certains paysans, tout ce qui dérange leurs habitudes est un mensonge ou un danger.

Le bon laboureur fut touché du conseil qui lui était donné. Il ensemença de trèfle un arpent de terrain ; la récolte fut abondante. Les années suivantes, il étendit son expérience, si bien qu'il put nourrir douze têtes de bétail dans un domaine qui n'avait eu jusque-là que deux paires de bœufs. Ses moissons étaient superbes.

Un certain été, la sécheresse fut si grande que les prés ne donnèrent pas de foin. Le laboureur qui n'avait que des prairies naturelles n'eut pas de quoi nourrir son étable, et se vit contraint de vendre à vil prix ses bœufs et ses vaches. Grâce au trèfle et à la luzerne qu'il avait en quantité suffisante, son voisin *traversa la crise sans encombre.*

Que cette leçon ne soit pas perdue! Il y a deux défauts opposés qui se touchent, lorsqu'ils sont excessifs : l'attachement obstiné à la routine, qui rejette toutes les *réformes* sans les examiner; et l'esprit irréfléchi, qui se lance au hasard dans les nouveautés, acceptant *sans contrôle* le possible et l'impossible. Évitez ces défauts. Fuyez également la *routine* et l'*aventure*. Tenez-vous dans un sage milieu : Étudiez, essayez avec précaution, *mais essayez.*

XIV

Le chien savant.

Un *baladin* conviait les gens du village à entrer dans sa baraque : « Venez, disait-il, vous verrez le fameux, l'incomparable Médor ! Ses tours ont charmé l'Europe entière ; il a eu l'honneur d'être présenté à plusieurs *Souverains* et de mériter leurs applaudissements ; venez l'admirer. »

Médor était, en vérité, un chien admirable. Il faisait les exercices militaires, jouait aux cartes et aux dominos

Grands et petits, tous entraient et sortaient émerveilés.

Le lendemain, les écoliers ne parlaient que du chien savant.

« Monsieur, dit un des grands de la classe, on nous enseigne que l'homme est bien plus intelligent que la bête ; moi, je crois qu'il y a des bêtes qui ont plus d'esprit que l'homme, quoiqu'elles n'aient pas appris à lire.... Médor en sait bien plus que nous !

— Mes enfants, répondit l'instituteur, Médor est un chien comme on n'en voit guère, et peut-être ne feriez-vous pas tout ce qu'il fait.

« Mais ce qui me frappe davantage, c'est la patience, l'art et l'esprit *ingénieux* du maître qui l'a façonné : le *bateleur* a eu le talent de vous *faire illusion*. Vous avez applaudi l'élève sans songer au précepteur, qui a tout le mérite.

« Les bêtes, quelques-unes du moins, sont capables d'imiter avec une rare perfection les gestes et les actions de celui qui les instruit ; mais elles ne font qu'imiter. D'elles-mêmes, elles ne trouvent rien, elles ne perfectionnent rien ; elles ne peuvent franchir les limites de ce cercle borné dan lequel elles se meuvent avec une précision et une *infaillibilité* dont tout l'honneur revient à celui qui les a douées d'un merveilleux instinct.

« Mais l'instinct n'est pas l'intelligence L'instinct est *stationnaire;* l'éducation imposée, pour ainsi dire, à l'animal par la volonté humaine, ne se transmet pas de génération en génération. Les petits du chien savant seront aussi ignorants, si l'homme n'intervient point, que les petits d'un chien de berger.

« L'intelligence, au contraire, progresse. Le progrès se transmet du père à l'enfant et croît avec la *lignée,* sous la double influence de la famille et de la société, pourvu toutefois que certaines circonstances qu'il est impossible d'énumérer n'y mettent pas obstacle. »

XV

Le savetier et le financier.

Un savetier chantait du matin jusqu'au soir :
C'était merveilles de le voir ;
Merveilles de l'ouïr ; il *faisait des passages*,
Plus content qu'aucun des sept sages.
Son voisin au contraire était tout cousu d'or,
Chantait peu, dormait moins encore,
C'était *un homme de finance.*
Si sur le point du jour parfois il sommeillait,
Le savetier alors en chantant l'éveillait ;
Et le financier se plaignait
Que les soins de la Providence
N'eussent pas au marché fait vendre le dormir,
Comme le manger et le boire.
En son hôtel il fait venir
Le chanteur, et lui dit : « Or çà, sire Grégoire,
Que gagnez-vous par an ? Par an ! ma foi, monsieur,
Dit avec un ton de rieur

Le gaillard savetier, ce n'est point ma manière
De compter de la sorte, et je n'amasse guère
Un jour sur l'autre : il suffit qu'à la fin
J'attrape le bout de l'année ;
Chaque jour amène son pain.
Eh bien ! que gagnez-vous, dites-moi, par journée?
Tantôt plus, tantôt moins : le mal est que toujours
(Et sans cela nos gains seraient *assez honnêtes*)
Le mal est que dans l'an s'entremêlent des jours
Qu'il faut chômer ; on nous ruine en fêtes ;
L'une fait tort à l'autre; et monsieur le curé [prône. »
De quelque nouveau saint charge toujours son
Le financier, riant de sa naïveté, [*trône.*
Lui dit : « Je veux *vous mettre aujourd'hui sur le*
Prenez ces cent écus ; gardez-les avec soin,
Pour vous en servir au besoin. »
Le savetier crut voir tout l'argent que la terre
Avait depuis cent ans
Produit pour l'usage des gens.
Il retourne chez lui ; dans sa cave il enserre
L'argent, et sa joie à la fois.
Plus de chant ; il perdit sa voix
Du moment qu'il gagna ce qui cause nos peines ;
Le sommeil quitta son logis ;

Il eut pour hôte les soucis,
Les soupçons, les alarmes vaines.
Tout le jour il avait l'œil au guet ; et la nuit
Si quelque chat faisait du bruit,
Le chat prenait l'argent. A la fin le pauvre homme
S'en courut chez celui qu'il ne réveillait plus :
« Rendez-moi, lui dit-il, mes chansons et mon somme,
Et reprenez vos cent écus. »

XVI

Les mauvaises lectures.

La lecture des mauvais livres est comme la fréquentation de la mauvaise compagnie; elle corrompt insensiblement les âmes les plus pures.

On a beau se dire : « Je lis pour être au courant de tout, j'ai le cœur trop haut placé pour être séduit par des *sophismes* ou des peintures malhonnêtes. » La pente est fatale;

on est vite entraîné. On ouvre le mauvais livre avec indifférence; après quelques pages, on éprouve une sorte de dégoût mêlé de je ne sais quelle curiosité irrésistible; on continue et on va jusqu'au bout.

Ce qu'il y a de pis, c'est qu'on arrive promptement à ne pouvoir lire que des ouvrages frivoles, mal écrits, mal pensés, souvent immoraux. Tout livre sérieux, renfermant un bon conseil ou un enseignement élevé, déplaît. Comme ces estomacs habitués aux fortes épices et qui trouvent fades les mets sains et modérément assaisonnés, les intelligences, ainsi dévoyées, repoussent les aliments qui leur donneraient force et santé.

Les parents et les maîtres doivent donc veiller avec soin aux lectures des enfants. On ne saurait trop insister sur ce point; il s'agit de l'éducation du cœur et de l'esprit, et même de la vie tout entière. Mieux vaudrait cent fois n'avoir jamais appris à lire que d'avoir contracté le goût des mauvaises lectures.

J'ai connu un jeune ouvrier qui avait naturellement de bons instincts. Il était laborieux et rangé ; son patron en faisait grand cas. Un jour, il acheta à un colporteur un de ces livres où l'on raconte, *en la poétisant*, la vie d'un voleur célèbre. Il le lut avec avidité ; le misérable dont on retraçait les *exploits*, lui sembla un héros ; il admira son courage et ses ruses. Le monde lui apparut sous un nouvel et triste aspect ; il se demanda si la probité n'était pas une sottise, si le vol n'était pas un acte *licite* pour une conscience vraiment éclairée. Que se passa-t-il dans son cœur ? Je ne sais.

Dix ans plus tard, j'étais *juré*. On jugeait une affaire très-grave. Un jeune tourneur en buis avait forcé la porte d'un pauvre vieillard, son ancien patron, et l'avait assassiné pour enlever ses épargnes.

Quelle ne fut pas ma surprise en reconnaissant dans l'accusé le jeune ouvrier qui avait travaillé autrefois près de nous et que nous estimions tous.

Il est aujourd'hui au *bagne*. Sa vieille mère a voulu le voir avant de mourir; elle a fait le voyage de Toulon. Le malheureux enfant lui a dit ces mots : « Que ma sœur surveille bien ses fils; ce sont les mauvaises lectures qui m'ont conduit ici. »

XVII

Le double meurtre.

Un jour, je voyageais en Calabre. C'est un pays de méchantes gens, qui, je crois, n'aiment personne, et en veulent surtout aux Français. De vous dire pourquoi, cela serait long; il suffit qu'ils nous haïssent à mort et qu'on passe fort mal son temps lorsqu'on tombe entre leurs mains. J'avais pour compagnon un jeune homme. Dans ces montagnes, les chemins sont des précipices, nos chevaux marchaient avec beaucoup de peine; mon camarade allant devant, un sentier qui lui parut plus praticable et plus court nous égara. Ce fut ma faute; devais-je me fier à une tête de vingt ans? Nous cherchâmes, tant qu'il fit jour, notre chemin à travers ces bois; mais plus nous cherchions, plus nous nous perdions, et il était nuit noire quand nous arrivâmes près d'une maison fort noire. Nous y entrâmes, non sans soupçon; mais comment faire? Là, nous trouvons toute une famille de charbonniers à table, où du premier mot on nous invita. Mon jeune homme ne se fit pas prier : le voilà mangeant et buvant, lui du moins; car pour moi, j'examinais le lieu et la mine de nos hôtes. Nos hôtes avaient bien mines de charbonniers; mais la maison, vous l'eussiez prise pour un *arsenal*. Ce n'étaient que fusils, pistolets, sabres, couteaux, coutelas. Tout me déplut, et je vis bien que je déplaisais aussi. Mon camarade, au contraire, il était de la famille, il riait, il causait avec eux; et, par une imprudence que j'aurais dû prévoir (mais quoi! s'il était écrit....), il dit d'abord d'où nous venions, où nous allions, qui nous étions. Français! imaginez un peu! chez nos plus mortels ennemis, seuls, égarés, si loin de tout secours humain! Et puis, pour ne rien omettre de ce qui pouvait nous perdre, il fit le riche, promit à ces gens pour la dépense et pour nos guides le lendemain ce qu'ils voulurent. Enfin, il parla de sa valise, priant fort qu'on en eût grand soin, qu'on la mît au chevet de son lit; il ne voulait point, disait-il, d'autre traversin. Ah! jeunesse! jeunesse! que votre âge est à plaindre! On crut que nous portions les *diamants de la couronne.*

Le souper fini, on nous laisse; nos hôtes couchaient en bas, nous dans la chambre haute, où nous avions mangé. Une soupente élevée de sept à huit pieds, où l'on montait par une échelle, c'était là le coucher qui nous attendait, espèce de nid dans lequel on s'introduisait en rampant sous des solives chargées de provisions pour toute l'année. Mon camarade y grimpa seul et se coucha tout endormi, la tête sur la précieuse valise. Moi, déterminé à veiller, je fis bon feu et m'assis auprès. La nuit s'était déjà passée presque entière assez tranquillement, et je commençais à me rassurer, quand, sur l'heure où il me semblait que le jour ne pouvait être loin, j'entendis au-dessous de moi notre hôte et sa femme parler et se disputer; et prêtant l'oreille par la cheminée qui communiquait avec celle d'en bas, je distinguai parfaitement ces propres mots du mari : « *Eh bien! enfin, voyons, faut-il les tuer tous les deux?* » A quoi la femme répondit : « *Oui* » Et je n'entendis plus rien.

Que vous dirai-je? Je restai respirant à

peine, tout mon corps froid comme un marbre : à me voir, vous n'eussiez su si j'étais mort ou vivant. Dieu ! quand j'y pense encore !... Nous deux, presque sans armes, contre eux, douze ou quinze, qui en avaient tant ! Et mon camarade mort de sommeil et de fatigue ! L'appeler, faire du bruit, je n'osais ; m'échapper tout seul, je ne pouvais ; la fenêtre n'était guère haute, mais en bas, deux gros dogues hurlaient comme des loups.... En quelle peine je me trouvais, imaginez-le, si vous pouvez. Au bout d'un quart d'heure, qui fut long, j'entendis sur l'escalier quelqu'un, et, par des fentes de la porte, je vis le père, sa lampe dans une main, dans l'autre, un de ses grands couteaux. Il montait, sa femme après lui ; moi derrière la porte : il ouvrit ; mais avant d'entrer, il posa la lampe, que sa femme vint prendre ; puis il entre pieds nus, et elle, de dehors, lui disait à voix basse, masquant avec ses doigts le trop de lumière de la lampe : *Doucement, va doucement.* Quand il fut à l'échelle, il monte, son couteau dans les dents ; et venu auprès du lit, ce pauvre jeune homme étendu offrant sa gorge découverte, d'une main, il prend son couteau, et de l'autre.... Ah ! lecteur !... Il saisit un jambon qui pendait au plancher, en coupe une tranche, et se retire comme il était venu, la porte se referme, la lampe s'en va et je reste seul à mes réflexions.

Dès que le jour parut, toute la famille, à grand bruit, vint nous éveiller, comme nous l'avions recommandé. On apporte à manger : on sert un déjeuner fort propre, fort bon, je vous assure. Deux chapons en faisaient partie, dont il fallait, dit notre hôtesse, emporter l'un et manger l'autre. En les voyant, je compris enfin le sens de ces terribles mots : *Faut-il les tuer tous deux ?* Et je vous crois, lecteur, assez de pénétration pour deviner à présent ce que cela signifiait.

XVIII

L'héritage.

Il y a dix ans le vieux Nicolas, riche paysan des environs d'Yvetot, mourut.

Au moment suprême, il fit appeler ses quatre fils et leur dit : « Mes enfants, dans quelques jours, dans quelques heures peut-être, je ne serai plus. Avant de rejoindre votre pauvre mère, je veux vous donner mes derniers conseils; je vous prie de les bien écouter et de les graver dans votre souvenir et dans votre cœur.

« Demeurez fidèles aux exemples d'honneur et de probité que nos ancêtres nous ont légués, et que j'ai toujours eus devant les yeux. Cherchez votre bonheur dans le travail et dans le bien que vous ferez aux pauvres gens.

« J'ai partagé mon champ entre vous. Il vous suffira si vous êtes probes et laborieux. Vivez en paix et soyez unis. »

Il les bénit ; un instant après il avait rendu son âme à Dieu.

Durant quelques mois, les enfants suivirent les avis paternels. Le sentiment de la perte irréparable qu'ils venaient de faire, le respect dû à une chère mémoire et, il faut bien le dire, la nouveauté d'une vie indépendante aidaient à leur docilité. Partout on disait : les fils de Nicolas sont comme leur père, de vaillants et honnêtes laboureurs.

Mais un certain jour, le cadet des Nicolas s'avisa de relire l'*acte de partage*. Il trouva qu'un pré, qui lui était attribué comme ayant deux arpents, avait une *contenance* un peu moindre. Il réclama ; ses frères lui répondirent : « Notre père a décidé, acceptons sa décision.

— Notre père s'est trompé.... »

On disputa, on s'échauffa, on alla devan les juges.

Que vous dirai-je? un procès en *engendr* un autre. Ils prirent goût à la *chicane*. Le *citations*, les comparutions en justice, le *appels* se succédèrent *sans trêve*, si bien qu'a près dix ans de *litige*, ils se virent obligés tous les quatre, de vendre leur héritage.

Ils se sont rencontrés le mois dernie près de la tombe du vieux Nicolas, pauvres tristes, mécontents d'eux-mêmes et des au tres. Un instant, on craignit une querelle mais la vue de cette tombe les fléchit. L'aîn dit au plus jeune, qui lui reprochait la ruin commune : « Songeons à notre père, qui nou avait recommandé d'être unis, et ne nou disputons plus.... Ne sommes-nous pa frères ? »

Ce mot parti du cœur alla à tous les cœurs Ils s'embrassèrent et se promirent d'obéi désormais à la volonté de leur meilleu ami.

C'était *une bonne inspiration*. Ils ont loué une grande ferme qu'ils exploitent ensemble. Ils rivalisent d'ardeur au travail. Avant peu, ils auront reconquis le bien-être.

Que cette leçon vous soit profitable, mes enfants. Que les frères s'aiment les uns les autres, qu'ils vivent dans la concorde, qu'ils ne soient pas touchés par ces misérables *considérations* d'intérêt, qui divisèrent les fils de Nicolas. Le respect filial, l'aisance, l'estime de vos voisins et votre propre estime, vous aurez tout ce qui fait l'honneur des familles et la dignité ou l'agrément de la vie.

XIX

Le singe et le cordonnier.

Il y avait naguère, dans une petite ville du Berry, un cordonnier qui vivait à

grand'peine du produit de son travail. O
tre qu'il gagnait peu, il avait un ennemi i
connu qui, dès qu'il s'absentait un momer
lui faisait beaucoup de tort. Tantôt c'étaie
des chaussures neuves qu'il trouvait *lac
rées*, tantôt une pièce de cuir *découpée en lan
beaux* et comme avec le dessein de faire u
méchante *contrefaçon* de son travail.

Un jour, il se cacha dans son arrière-bo
tique, bien résolu à ne quitter son pos
que lorsqu'il aurait découvert le coupabl

D'abord il n'aperçut rien; mais à l'heu
où il rentrait dans sa chambre pour pre
dre son repas, un bruit d'outils se fit ente
dre.

Quel ne fut pas son étonnement! à trave
les fentes de la cloison, il vit un singe, q
s'était installé à sa place, et qui imitait, ta
bien que mal, le travail d'un cordonnie
coupant, taillant, essayant de coudre.

Il entra brusquement et l'animal s'enfu
dans la maison qui était en face.

Le pauvre homme supplia, mais en vain, la maîtresse du singe d'ôter la liberté à ce maladroit ouvrier. La dame rit aux éclats de l'aventure et déclara qu'elle ne voulait pas priver son favori d'un amusement si plaisant.

Le cordonnier imagina alors un moyen de se venger. Ayant remarqué que le singe ne le perdait pas de vue pendant son travail, il prit un tranchet, et fit deux ou trois fois le geste d'un homme qui se coupe la gorge; ensuite il se roula à terre en faisant force grimaces; puis, il s'en alla dîner.

Notre singe d'accourir aussitôt, de prendre le tranchet, et de reproduire les mouvements qu'il avait vu faire. Il les imita si bien qu'il se fit une large blessure, dont il mourut.

Ce trait m'a été conté par une personne digne de foi. Il prouve, mes enfants, que le singe est comme le chien savant dont je vous entretenais l'autrejour; il copie l'homme, mais son instinct ne va pas au delà ; il ne se rend pas compte de ce qu'il fait et ne voit pas le danger de certaines imitations.

XX

L'Écolier.

Un tout petit enfant s'en allait à l'école ;
On avait dit : allez !..... il tâchait d'obéir ;
Mais son livre était lourd ; il ne pouvait courir.
Il pleure, et suit des yeux une abeille qui vole.

« Abeille, lui dit-il, voulez-vous me parler ?
Moi, je vais à l'école ; il faut apprendre à lire ;
Mais le maître est *tout noir* et je n'ose pas rire !
Voulez-vous rire, abeille, et m'apprendre à voler ?

— Non, dit-elle, j'arrive et je suis très-pressée,
J'avais froid ; l'*aquilon* m'a longtemps oppressée :
Enfin, j'ai vu les fleurs ; je redescends du ciel,
Et je vais commencer mon doux rayon de miel.
Voyez ! j'en ai déjà puisé dans quatre roses ;

Avant une heure encor nous en aurons d'écloses.
Vite, vite à la ruche! on ne rit pas toujours!
C'est pour faire le miel qu'on nous rend les beaux
Elle fuit et se perd sur la route embaumée. [jours.»
Le frais lilas sortait d'un vieux mur entr'ouvert;
Il saluait l'aurore, et l'aurore charmée
Se montrait sans nuage et riait de l'hiver.
Une hirondelle passe : elle effleure la joue
Du petit nonchalant qui s'attriste et qui joue;
Et dans l'air suspendue, en redoublant sa voix,
Fait tressaillir l'écho qui dort au fond des bois.
« Oh! bonjour! dit l'enfant, qui se souvenait d'elle;
Je t'ai vue à l'automne, oh! bonjour, hirondelle!
Viens! tu portais bonheur à ma maison, et moi
Je voudrais du bonheur. Veux-tu m'en donner, toi?
Jouons. — Je le voudrais, répond la voyageuse,
Car je respire à peine, et je me sens joyeuse.
Mais j'ai beaucoup d'amis qui doutent du printemps;
Ils rêveraient ma mort si je tardais longtemps.
Non, je ne puis jouer. Pour finir leur souffrance;
J'emporte un brin de mousse en signe d'espérance.
Nous allons relever nos *palais* dégarnis :
L'herbe croît, c'est l'instant des amours et des nids.
J'ai tout vu. Maintenant, fidèle messagère,

Je vais chercher mes sœurs là-bas sur le chemin.
Ainsi que nous, enfant, la vie est *passagère*,
Il en faut profiter. Je me sauve... A demain ! »

L'enfant reste muet ; et, la tête baissée,
Rêve et compte ses pas, pour tromper son ennui ;
Quand le livre importun, dont sa main est lassée,
Rompt ses fragiles nœuds et tombe auprès de lui.
Un dogue l'observait du sein de sa demeure.
Stentor, gardien sévère et prudent à la fois,
De peur de l'effrayer retient sa grosse voix.
Hélas ! peut-on crier contre un enfant qui pleure ?

« Bon dogue, voulez-vous que je m'approche un peu
Dit l'écolier plaintif ; je n'aime pas mon livre ;
Voyez, ma main est rouge, il en est cause. Au jeu
Rien ne fatigue ; on rit ; et moi je voudrais vivre
Sans aller à l'école, où l'on tremble toujours.
Je m'en plains tous les soirs et j'y vais tous les jours
J'en suis très-mécontent. Je n'aime aucune affaire.
Le sort des chiens me plaît, car ils n'ont rien à faire.

— Écolier, voyez-vous ce laboureur aux champs ?
Eh bien ! ce laboureur, dit Stentor, c'est mon maître
Il est très-vigilant ; je le suis plus peut-être.

dort la nuit, et moi j'écarte les méchants.
éveille aussi ce bœuf qui, d'un pas lent, mais ferme,
a creuser les sillons quand je garde la ferme.
our vous-même on travaille ; et, grâce à nos brebis,
otre mère, en chantant, vous file des habits.
ar le travail tout plait, tout s'unit, tout s'arrange.
llez donc à l'école; allez, mon petit ange!
es chiens ne lisent pas, mais la chaîne est pour eux :
'ignorance toujours mène à la *servitude.* [l'étude.
'homme est fin, l'homme est sage, il nous défend
nfant, vous serez homme, et vous serez heureux;
es chiens vous serviront. » L'enfant l'écouta dire,
t même il le baisa. Son livre était moins lourd.

t quittant le bon dogue il pense, il marche, il court.
'espoir d'être homme un jour lui ramène un sourire.
l'école, un peu tard, il arrive gaiement,
t dans le mois des fruits il lisait couramment.

XXI

La vipère.

La vipère est un *reptile* très-dangereux. Quelques naturalistes ont prétendu qu'elle ne faisait aucun mal hors le cas de *légitime défense.* C'est une erreur ; la vilaine bête mord pour mordre. Plus d'un faucheur ou d'un moissonneur, s'étant endormi après une matinée de travail, a été réveillé par la dent de la vipère.

Parfois une seule de ses morsures donne la mort, si l'on n'a pas le soin d'*exprimer* immédiatement et de laver la plaie avec un alcalin ou de la *cautériser* avec un fer rouge.

Hé bien ! mes enfants, il y a un animal plus redoutable que la vipère et contre les morsures duquel tous les remèdes sont impuissants, c'est l'homme méchant. N'essayez pas de l'attirer à vous, évitez-le, fuyez-le.

J'ai apprivoisé des bêtes féroces, dit Confucius, je n'ai jamais pu apprivoiser un homme méchant.

Le philosophe chinois raconte, à ce propos, une histoire *dont vous ferez votre profit.*

Il y avait, dit-il, dans le village où je suis né, un marchand de riz, craint de tout le monde pour son mauvais caractère. Il n'épargnait personne, et l'on racontait de lui maints propos calomnieux, maintes méchantes actions.

J'étais jeune alors; je crus que tout le monde se trompait et qu'on ne savait pas s'y prendre avec To-Bée.

Il n'y a pas de méchants, me disai-je; il n'y a que des cœurs aigris, To-Bée est du nombre, il le faut fléchir.

J'allai donc à lui, je le priai de venir chez

moi, je lui fis mille amitiés, je lui prêtai même une somme considérable pour l'aider dans son commerce.

Il parut touché de mon affection ; il devint mon hôte assidu.

Un jour, le gouverneur de la province me fit appeler ; une lettre *anonyme* était écrite contre moi, on me dénonçait comme l'ennemi de l'empereur.

Je n'eus pas de peine à me défendre. Je demandai à lire la lettre. Quelle ne fut pas ma douleur en reconnaissant l'écriture de To-Bée !

XXII

Homère.

On ne sait pas bien où naquit et à quelle époque vécut le premier et le plus grand poëte de la Grèce. Cependant la tradition générale, confirmée par l'étude de ses poëmes, place Homère entre le onzième et le douzième siècle avant Jésus-Christ, quelque temps après la guerre de Troie dont il a raconté les *péripéties* et les suites.

L'*Iliade* est le tableau de la lutte suprême entre la Grèce et le puissant royaume de Pergame. Achille, le plus vaillant des Hellènes, tue Hector, le plus vaillant des Troyens. Assiégée depuis dix ans, Troie est prise, la famille du roi Priam est emmenée en captivité, les chefs victorieux reviennent dans leur patrie après avoir vengé l'injure faite à Ménélas et à la famille par l'enlèvement de la fille de Léda.

La fin de presque tous ces princes fut malheureuse. L'*Odyssée* raconte le long et pénible retour d'Ulysse à Ithaque.

Homère est tout à la fois poëte, historien, moraliste et peintre de mœurs. Nul mieux que lui n'a dépeint le premier âge de la

Grèce, cette époque héroïque qui est l'image de toutes les sociétés primitives.

LE FESTIN DES PRÉTENDANTS.

Pendant l'absence d'Ulysse, de nombreux prétendants se disputent la main de Pénélope et occupent en maîtres le palais du roi d'Ithaque. Déguisé en mendiant et reçu par son fils Télémaque, auquel il ne s'est pas fait connaître, Ulysse assiste à leur repas.

Les prétendants entrent dans le palais du divin Ulysse; ils déposent leurs manteaux sur les trônes et sur les siéges; ils immolent tour à tour les grandes brebis, les chèvres succulentes, les porcs engraissés et une belle génisse. Ensuite ils partagent les entrailles qu'ils ont rôties. D'autres cependant mêlent le vin dans les urnes; Eumée distribue les coupes; Philétias, chef des bouviers, leur présente le pain dans de belles corbeilles, et Mélausbe est leur échanson. Les convives étendent les mains et prennent les mets placés devant eux. Télémaque fait asseoir, dans l'intérieur de la salle, près du seuil de pierre, sur un siége grossier, Ulysse plongé dans une méditation profonde; il pose devant le héros, sur une humble table, une part des entrailles; il verse du vin dans un vase d'or, et dit :

« Prends place parmi les guerriers et savoure mon vin; je détournerai de toi les coups et les outrages. Cette demeure n'est point un lieu public; c'est le palais d'Ulysse, d'un noble roi, qui l'a acquis pour me le transmettre. Et vous, prétendants, retenez en votre âme vos paroles injurieuses, retenez vos bras, si vous ne voulez que la discorde éclate dans la salle du festin. »

Il dit, et les convives se mordent les lèvres de dépit. Admirant Télémaque et l'audace de ses paroles, Antinoos, fils d'Eupithée, s'écrie :

« Amis, Télémaque est impérieux et nous devons lui obéir. Quelles paroles menaçantes! Jupiter ne l'a pas permis, sans quoi nous l'eussions déjà calmé, malgré l'éclat de son éloquence. »

Antinoos se tait et Télémaque méprise son discours. Cependant les *hérauts* par la ville conduisent la sainte *hécatombe* des dieux, et les Grecs se rassemblent dans le bois consacré à Apollon.

Mais déjà les prétendants ont rôti les chairs extérieures des victimes; ils les retirent du foyer, les distribuent, et savourent le noble festin; et, selon les vœux de Télémaque, les serviteurs présentent à Ulysse une part égale à celles qui sont échues aux autres convives.

Cependant Minerve ne permet point que les audacieux prétendants s'abstiennent de poignants outrages; elle veut que la douleur pénètre plus profondément dans l'âme d'Ulysse. Parmi eux est un homme plus que tous les autres adonné à l'injustice, son nom est Ctésippe et sa patrie Samos. Fier des richesses de son père, il prétend à l'hymen de Pénélope, et maintenant il adresse ces paroles aux téméraires convives.

« O généreux prétendants! prêtez-moi une oreille attentive. Cet étranger a déjà une part égale à la vôtre, ainsi que le veut l'équité; il serait, en effet, cruel de restreindre les hôtes de Télémaque qui viennent en suppliants à son foyer. Eh bien, je veux aussi faire à celui-ci mon présent, afin que lui-même récompense le baigneur ou tout autre des captifs qui habitent le palais du divin Ulysse. »

A ces mots, il prend dans une corbeille un pied de bœuf qu'il lance de sa forte main; mais Ulysse l'évite en courbant la tête et en son âme il sourit d'un rire *sardonique*. L'os rebondit contre le mur, et Télémaque réprimande Ctésippe en ces termes :

« Ctésippe, il vaut mieux pour ta vie que tu n'aies point atteint mon hôte, et que lui-même ait évité le trait; car à l'instant j'eusse frappé ton sein de ma javeline aiguë, et au lieu de ton hymen ton père eût célébré tes funérailles. Que personne chez moi n'ose montrer son âme insolente : rien maintenant ne m'échappe, ni le bien, ni le mal. Naguère encore j'étais un enfant et j'étais contraint à vous voir patiemment égorger mes troupeaux, épuiser mon froment et mon vin. Hélas ! il est difficile à un seul homme d'expulser une troupe nombreuse. Mais aujourd'hui gardez-vous d'actions hostiles. Si déjà vous êtes impatients de m'immoler, je préfère et il vaut mieux pour moi périr que d'être témoin de vos violences, que de voir mes hôtes frappés et mes captives indignement outragées dans ce superbe palais. »

Il dit : et les convives gardent un morne silence ; enfin Agélas, fils de Damasson, s'écrie : « Amis, ne répondez point par des paroles injurieuses à des paroles pleines de justice ; ne frappez plus ni cet étranger, ni aucun des serviteurs qui habitent le palais du divin fils de Laërte. Je vais parler avec modération à Télémaque et à sa mère. Puissé-je être agréable à leurs cœurs! Aussi longtemps qu'en votre âme vous espériez revoir le prudent Ulysse, vous pouviez, sans exciter notre indignation, faire languir les prétendants au sein de son palais; son retour vous eût justifiés. Mais il est maintenant manifeste que jamais ce héros ne reviendra. Va donc trouver ta mère, parle-lui sans détour; ordonne-lui de choisir le plus illustre des Grecs, celui qui lui offrira les plus riches présents. Tu jouiras alors avec joie de l'héritage paternel, et, tandis que Pénélope suivra son jeune époux, tu savoureras tes mets et ton vin.

— O Agélas! s'écrie Télémaque, par Jupiter, par les malheurs de mon père, qui peut-être a péri ou est errant chez des peuples étrangers, loin de retarder l'hymen de Pénélope, je l'exhorte à suivre l'époux qu'il lui plaira de choisir, et qui lui donnera les plus nombreux présents. Mais je redoute de la contraindre par des paroles impérieuse à s'éloigner de ce palais, de peur que la divinité ne se refuse à accomplir nos desseins. »

Ainsi parle Télémaque. Cependant Minerv trouble l'esprit des prétendants et les livr à un rire inextinguible. Déjà ils rient d'u rire forcé; déjà ils dévorent les chairs sai gnantes; leurs yeux se remplissent de larmes, leurs âmes pressentent des malheurs

---

XXIII

Les trois sages et l'Écolier.

Il y a des moments dans la vie où un heureuse réunion de circonstances sembl fixer sur nous le bonheur. Le calme de passions, l'absence d'inquiétude nous prédisposent à jouir; et, si au contentement d'esprit vient s'unir une situation matériellemen douce, embellie par d'agréables sensations, les heures coulent alors délicieusement, et le sentiment de l'existence se pare des plus riantes couleurs.

C'est précisément le cas où se trouvaient les trois personnages que j'avais sous les yeux. Rien au monde dans leur *physionomie* qui trahît le moindre souci, le plus petit trouble, le plus faible remords ; au contraire, on devinait, au léger rengorgement de leur cou, ce *légitime* orgueil qui *procède* du contentement de l'esprit. La gravité de leur démarche annonçait le calme de leur cœur, la moralité de leurs pensées; et, dans ce moment même où, cédant aux molles influences d'un doux soleil, ils venaient de s'endormir, encore semblait-il que de leur sommeil s'exhalât un suave parfum d'innocence et de paix.

Pour moi (l'homme est sujet aux mauvaises pensées), depuis un moment je maniais une pierre. A la fin, fortement sollicité

par un malin désir, je la lançai dans l
mare, tout à côté.... Aussitôt les trois tête
sortirent *en sursaut* de dessous l'aile.

C'étaient trois canards, j'oubliais de l
dire. Ils faisaient là leur *sieste*, tandis qu'as
sis au bord de la flaque je songeais, presqu
aussi heureux que mes paisibles compa
gnons.

Aux champs, l'heure de midi est celle d
silence, du repos, de la rêverie. Pendan
que le soleil darde à plomb ses rayons su
la plaine, hommes et animaux suspenden
leur labeur; le vent se tait, l'herbe se pen
che; les insectes seuls, animés par la cha
leur, bourdonnent à l'envi dans les airs
formant une lointaine musique qui sembl
augmenter le silence même.

Je songeais à toute sorte de choses, pe
tites, grandes, indifférentes ou charmante
à mon cœur. J'écoutais le bruissement de
grillons; ou bien, étendu sur le dos, je re
gardais au firmament les *métamorphoses* d'u

nuage; d'autres fois, me couchant contre terre, je considérais, sur le pied d'un saule creux, une mousse humide, toute parfumée d'imperceptibles fleurs. Je découvrais bientôt dans ce petit monde des montagnes, des vallées, des ombreux sentiers, fréquentés par quelque insecte d'or, par une fourmi diligente. A tous ces objets s'attachait dans mon esprit une idée de mystère et de puissance qui m'élevait insensiblement de la terre au ciel, et alors la présence du Créateur se faisait fortement sentir, mon cœur se nourrissait de grandes pensées.

XXIV

L'incendie.

Mille sensations délicieuses faisaient battre mon cœur, à mesure que j'approchais de notre maison; je ressemblais à l'oiseau qu'un moment de frayeur a chassé de son nid : mes impatients désirs, devançant mon pas que je m'efforçais de hâter, voltigeaient autour de mon coin du feu chéri, avec tous les transports de l'attente : j'amassais tout ce que j'avais de douces choses à dire; *j'anticipais* sur la bienvenue dont quelques instants me séparaient; je sentais déjà le tendre embrassement de ma femme; je souriais à la joie de mes jeunes enfants. Mais, comme je marchais lentement, la nuit avançait. Tout ce qui avait travaillé pendant le jour, reposait : les lumières étaient éteintes dans chaque chaumière; on n'entendait au loin, dans l'espace, que le chant perçant du coq et le sourd aboiement du chien de garde. Je touchais à mon asile bien-aimé, et, avant que j'en fusse à cent pas, notre dogue fidèle, accourant à moi, me saluait de ses caresses.

Il était minuit environ quand j'avançai pour frapper à ma porte : tout était calme et silencieux; un bonheur ineffable *dilatait* mon cœur : tout à coup, ô surprise!... Je vois un jet de flamme s'élancer de la maison, et l'incendie rougir toutes les ouvertures. Je pousse un cri perçant, et je tombe sans mouvement sur le trottoir. A ce cri, mon fils qui dormait se lève épouvanté, aperçoit la flamme, réveille ma femme et ma fille. Tous, nus, *effarés*, se précipitent dehors : leurs cris me rappellent à la vie, et alors nouvelle scène d'effroi!... La flamme avait gagné le comble qui croulait par parties, tandis que ma famille immobile, muette, les yeux attachés sur l'incendie, semblait contempler avec plaisir son affreuse clarté. Mes regards se portaient tour à tour sur elle, sur la flamme : je cherche mes deux jeunes fils, et ne les voyant pas : « Malheur! m'écriai-je, où sont mes deux petits? — Ils sont morts dans les flammes, me répond froidement ma femme, et je vais mourir avec eux! » — En ce moment, j'entends dans la maison le cri des deux enfants réveillés par le feu : rien ne peut me retenir.... « Où sont, où sont mes enfants? » répétais-je en courant au travers de la flamme et brisant la porte de la chambre dans laquelle ils étaient enfermés.... « Où êtes-vous, mes petits? — Ici, père; nous sommes ici, » répondirent-ils tous à la fois.

Le feu s'attachait déjà au lit dans lequel ils étaient couchés. Je les saisis tous deux dans mes bras, je les portai à travers la flamme aussi loin que je pus; et, au moment où je sortais de la maison, toute la toiture s'écroula. — « A présent, oh! que la flamme dévore tout ce que je possède!... Je les tiens; j'ai sauvé notre trésor : le voici, ma chère femme, le voici, notre trésor, et nous pouvons encore être heureux! »

Nous couvrions les pauvres petits de mille baisers; et, tandis que les bras passés autour de notre cou, ils semblaient partager nos transports, la mère riait et pleurait tour à tour.

XXV

La retraite.

Je sais sur la colline
Une blanche maison;
Un rocher la domine,
Un buisson d'aubépine
Est tout son horizon.

Là jamais ne s'élève
Bruit qui fasse penser;
Jusqu'à ce qu'il s'achève
On peut mener son rêve
Et le recommencer.

Le clocher du village
Surmonte ce séjour;
Sa voix, comme un hommage,
Monte au premier nuage,
Que colore le jour!

Signal de la prière,
Elle part du saint lieu,
Appelant la première
L'enfant de la chaumière
A la maison de Dieu.

Aux sons que l'écho roule
Le long des églantiers,
Vous voyez l'humble foule
Qui *serpente* et s'écoule
Dans les pieux sentiers;

C'est la pauvre orpheline
Pour qui le jour est court,
Qui déroule et termine,
Pendant qu'elle chemine,
Son fuseau déjà lourd;

C'est l'aveugle que guide
Le mur accoutumé,
Le mendiant timide,
Et dont la main dévide
Son rosaire enfumé;

C'est l'enfant qui caresse
En passant chaque fleur,

Le vieillard qui se presse :
L'enfance et la vieillesse
Sont amis du Seigneur !

La fenêtre est tournée
Vers le champ des tombeaux,
Où l'herbe *moutonnée*
Couvre après la journée
Le sommeil des hameaux.

Plus d'une fleur nuance
Ce voile du sommeil ;
Là tout fut innocence,
Là tout dit : Espérance !
Tout parle de réveil !

Mon œil, quand il y tombe,
Voit le petit oiseau
Voler de tombe en tombe,
Ainsi que la colombe,
Qui porta le rameau ;

Ou quelque pauvre veuve
Aux longs rayons du soir
Sur une pierre neuve,

Signe de son *épreuve*,
S'agenouiller, s'asseoir;

Et l'espoir sur la bouche,
Contempler du tombeau,
Sous les cyprès qu'il touche,
Le soleil qui se couche,
Pour se lever plus beau.

Paix et mélancolie
Veillent là près des morts,
Et l'âme recueillie
Des vagues de la vie
Croit y toucher les bords.

XXVI

Les deux voies.

J'ai assisté, cette année, aux funérailles de deux vieillards qui, élevés ensemble, mais ayant suivi des *voies* diverses, ont terminé leur carrière dans le même village. Leur fin a été bien différente.

Le père Matois est mort riche. Il était à peine en terre que ses héritiers se partageaient son bien sans penser à lui. Personne n'exprima un sentiment d'estime, d'affection ou de regret. Ce silence universel, interrompu seulement par quelques paroles amères que je ne veux pas rapporter, faisait mal au cœur. C'était, comme dit le proverbe oriental, *le dernier jour jugeant la vie entière.*

Matois était un de ces hommes pour lesquels la fortune est tout, et qui *ne répugnent à aucune action*, si honteuse qu'elle soit, pourvu qu'elle les conduise au but de leur ambition. Coquin, rusé, habile à éluder la loi, il avait constamment marché depuis son enfance dans ce *sentier tortueux* qu'on appelle l'usure, la chicane, l'escroquerie, et ne s'était jamais laissé prendre. Il s'en vantait parfois et poursuivait ceux qu'il avait ruinés de ses railleries, de l'odieuse comparaison de leur misère et de son opulence *conquise* à leurs dépens.

Tant qu'il fut jeune, il se crut heureux. Il était détesté et méprisé ; mais il était riche ! Il ne s'était point marié ; les affections et les joies de la famille n'ont pas de séductions pour de tels hommes.

Cependant, la vieillesse arriva et avec elle le triste *cortége des infirmités*, rendues plus pénibles par cet inévitable tête-à-tête avec une conscience *qui reprend ses droits* dans la solitude. Vous savez ce qui se passa après la mort du vieil usurier ; mais qui racontera les dernières pensées et l'amertume de ses derniers jours?

Quelques semaines plus tard, une famille désolée, suivie de nombreux amis, conduisait le voisin de Matois à sa dernière demeure.

Le père Claude mourait presque pauvre. Mais il avait élevé des enfants et des petits-enfants qui le chérissaient et auxquels il laissait un héritage d'honneur, de probité et de bons exemples. « Nous perdons un homme qui ne s'est jamais écarté de la ligne droite, » disaient les anciens. — « Nous perdons un bon conseiller, » disaient les jeunes paysans, — « et nous, un bienfaiteur et un père, » répétaient en pleurant deux orphelins que Claude avait recueillis et traités comme ses fils.

Arrivé sur le bord de la fosse, le juge de paix, vieil ami de Claude, se tourna vers l'assistance qui sanglotait :

« Versons des larmes, non sur Claude, qui est dans le sein de Dieu, mais sur nous-mêmes qui avons perdu le meilleur d'entre nous. Claude est mort comme nous devrions tous mourir, sans reproche et sans faiblesse, plein de confiance en la justice miséricordieuse de notre Père qui est au ciel.

« Il avait suivi la bonne voie pour arriver à une bonne fin; et c'est de lui qu'on peut dire : La mort de l'honnête homme est un baiser de Dieu. »

XXVII

Hérodote.

Hérodote d'Halicarnasse (m. en 407) a été surnommé, et à juste titre, le père de l'histoire. C'est lui qui a raconté, dans un style admirable, la lutte de la Grèce et de l'Asie ou les guerres Médiques; c'est lui qui a fait connaître aux Grecs ce qu'ils appelaient le monde barbare, les Assyriens, les Babyloniens, les Mèdes et les Égyptiens. Il avait visité les contrées où se sont accomplis les événements qu'il raconte. Ses récits sont fidèles et exacts. Tout n'y est pas vrai, peut-être, mais tout y est conforme à la tradition recueillie, pour ainsi dire, sur place.

Son ouvrage est divisé en neuf livres auxquels on a donné le nom des neuf muses : *Clio*, *Euterpe*, *Thalie*, *Melpomène*, *Terpsichore*, *Erato*, *Polymnie*, *Uranie*, *Calliope*.

CLÉOBIS ET BITON.

Ces deux frères, originaires d'Argos, vivaient dans une *honnête aisance ;* ils étaient de plus distingués par la force du corps et avaient remporté des prix dans les jeux publics. Voici ce qu'on raconte d'eux.

On célébrait à Argos la fête de Junon, et leur mère se préparait à monter sur son char pour se rendre au temple; mais les bœufs qui devaient être attelés n'étaient pas encore revenus des champs. Les deux jeunes gens, surpris par l'heure, prennent la place des bœufs, et, se mettant eux-mêmes sous le joug, traînent le char sur lequel leur mère s'était assise. Ils parcoururent ainsi l'espace de 45 stades (environ huit kilomètres) pour se rendre au temple.

La mort la plus heureuse fut la récompense de cet acte de piété filiale qui se passa à la vue de tout le peuple rassemblé pour la fête. Les citoyens d'Argos admiraient la force des jeunes gens et leur donnaient de grands éloges ; les femmes félicitaient la mère et l'estimaient heureuse d'avoir de tels fils. Enivrée de joie et flattée également de l'action de ses enfants et des applaudissements de la foule, la mère de Cléobis et de Biton, debout, en face de la statue de Junon, pria pour ses enfants qui venaient de lui donner une si grande preuve de respect, et conjura la déesse de leur accorder ce qu'il y avait de meilleur pour l'homme.

Cette prière faite, les jeunes gens offrirent leur *sacrifice*, et, après le festin qui le suivit, s'endormirent dans le temple même. Ils ne se réveillèrent plus et finirent ainsi de vivre.

XXVIII

L'ignorance.

L'ignorance est une source habituelle et féconde d'erreurs; elle égare l'homme en le *dégradant;* elle peut avoir, en mille circonstances, les suites les plus funestes, soit pour l'individu, soit pour la société entière. Voyez ces troupes égarées qui, au sein même des villes, massacrent des médecins se dévouant pour le salut des malades, en les accusant de produire par le poison les maux qu'ils cherchent à soulager et à prévenir! Voyez ces masses aveugles qui se précipitent dans l'*émeute* ou dans la *sédition*, peut-être sans savoir pourquoi, qui cèdent à des *terreurs paniques*, à de trompeuses *exaltations!* Voyez ces attroupements qui se portent à la destruction des mécaniques et des métiers, croyant conquérir des moyens de travail par des violences qui *attentent* à la prospérité, à la liberté de l'industrie, en ne comprenant pas que les *appareils* qui économisent les frais de fabrication, rendent plus de travail en accroissant la *consommation*, qu'ils n'en suppriment par la simplicité du produit! Voyez cette foule aveugle qui, dans les moments de disette, se précipite sur les marchés, fait violence au marchand et au propriétaire de grains, taxe, pille, croyant par là détruire les obstacles qui menacent la subsistance commune, en ne voyant pas que la liberté et la sécurité du commerce des grains est la seule garantie certaine de l'approvisionnement! Voyez ce concours nombreux rassemblé sur nos places publiques autour du charlatan, l'écoutant avec une crédule avidité, recevant avec confiance de lui toute espèce de *spécifiques*, aux dépens de la bourse et de la santé! Partout et en tout temps, l'ignorance sera dupe des apparences, des suggestions de ceux qui veulent la tromper; elle cédera à tous les entraînements, elle ne se défiera que de l'expérience et de la raison.

L'ignorance est tour à tour défiante et présomptueuse; elle accueille tous les faux bruits; elle repousse les conseils; elle proscrit les améliorations; elle crée ces préjugés vulgaires, aussi répandus qu'obstinés, dont les effets sont si funestes et si déplorables. Celui qui ne connaît pas les causes réelles des événements adopte, pour les expliquer, les premières *suppositions arbitraires* qui lui sont présentées, et repousse ensuite la lumière parce qu'il croit savoir. La foi à la sorcellerie, aux enchantements, aux maléfices n'est-elle pas la suite de l'ignorance des lois les plus simples de la nature? La *superstition* est-elle autre chose que l'ignorance des vrais rapports qui existent entre l'homme et son Créateur? Cette routine qui se traîne dans les pratiques les plus vicieuses, cette imitation servile qui copie les exemples les plus erronés, ne sont-elles pas les fruits d'une ignorance qui accepte tous les guides, dans l'impuissance où elle est de se diriger elle-même?

XXIX

Socrate.

L'homme le plus sage dont l'histoire fasse mention avant l'*ère chrétienne*, c'est Socrate.

Socrate naquit à Athènes vers 470. Sa sagesse avait un caractère admirable : elle n'était pas le résultat d'un heureux naturel, elle était la conquête d'une âme forte qui lutte contre ses passions et en vient à bout. Il avait en lui de *mauvais germes;* il les détruisit peu à peu et devint honnête homme par un effort persévérant.

A quelqu'un qui lui disait : « Socrate, je retrouve sur ton visage la trace de plusieurs vices, » il répondit : « Tu as raison, il y avait en moi maintes tendances mauvaises, je les ai extirpées. *Mon cœur est renouvelé* parce que cela était en mon pouvoir; mais je n'ai pu effacer la trace que tu aperçois. L'homme intérieur est corrigé; c'est l'essentiel. »

Socrate avait raison. Il ne dépend pas de nous d'avoir ou de n'avoir pas certaines méchantes inclinations; mais il est en notre pouvoir de les combattre. Il ne dépend pas de nous d'être grands ou petits, beaux ou laids; mais il est en notre pouvoir d'élever nos pensées et de nous faire beaux de *cette beauté morale* qui finit par traverser l'enveloppe et donne, même aux physionomies les plus *vulgaires*, je ne sais quel *cachet* de grandeur et de dignité.

Socrate mourut en l'an 400. Sa mort fut digne de sa vie. Il préféra *boire la ciguë* que de renier ses croyances. Élevé dans ce monde païen où *tout était Dieu, excepté Dieu lui-même*, il croyait en un seul Dieu, en un Dieu clément et juste, doux aux bons, sévère aux méchants; en une Providence qui veille sur l'univers et s'occupe des moindres créatures; en une vie meilleure où la vertu aura sa récompense et le crime son châtiment.

Socrate n'a rien écrit. Son enseignement était une causerie pleine de *verve*, de malice et de bonhomie. Il se mettait à la portée de tous, usant de comparaisons *familières* empruntées aux divers métiers, appelant insensiblement l'attention de ses auditeurs sur les sujets les plus graves et les plus élevés, les forçant à réfléchir et leur présentant de sublimes vérités comme des découvertes qu'ils avaient faites eux-mêmes.

L'historien Xénophon a recueilli une partie de ces entretiens. Platon s'en est inspiré pour composer d'admirables *dialogues* où il met souvent ses propres idées dans la bouche de son maître.

XXX

Le cheval et le loup.

Un certain loup, dans la saison
Que les tièdes *zéphyrs* ont l'herbe rajeunie,
Et que les animaux quittent tous la maison
Pour s'en aller chercher leur vie;
Un loup, dis-je, au sortir des rigueurs de l'hiver,
Aperçut un cheval qu'on avait mis au vert.
Je laisse à penser quelle joie.
« Bonne chasse, dit-il, qui l'aurait à son *croc!*
Et que n'es-tu mouton, car tu me serais hoc:
Au lieu qu'il faut ruser pour avoir cette proie.
Rusons donc. » Ainsi dit, il vient à pas comptés,
Se dit *écolier d'Hippocrate*;
Qu'il connait les vertus et les propriétés
De tous les *simples* de ces prés;
Qu'il sait guérir, sans qu'il se flatte,

Toutes sortes de maux. Si *dom* coursier voulait
Ne point céler sa maladie,
Lui, loup, gratis le guérirait ;
Car le voir en cette prairie
Paître ainsi sans être lié,
Témoignait quelque mal, selon la médecine.
« J'ai, dit la bête chevaline,
Un *apostume* sous le pied.
— Mon fils, dit le docteur, il n'est point de partie
Susceptible de tant de maux.
J'ai l'honneur de servir messeigneurs les chevaux,
Et fais aussi la chirurgie. »
Mon galant ne songeait qu'à bien prendre son temps,
Afin de *happer* son malade.
L'autre, qui s'en doutait, lui lâche une ruade,
Qui vous lui met en marmelade
Les mandibules et les dents.
« C'est bien fait, dit le loup en soi-même fort triste,
Chacun à son métier doit toujours s'attacher.
Tu veux faire ici l'*herboriste*,
Et ne fus jamais que boucher. »

XXXI

Le père De-mon-temps.

« De mon temps, les hivers étaient moins froids et les étés moins chauds ; le vin était meilleur et les gens étaient comme le vin. De mon temps, ceux qui gagnaient peu se contentaient de peu, et étaient plus gais que ceux qui gagnent beaucoup aujourd'hui. De mon temps, les soins du ménage ne déplaisaient pas aux femmes, et les hommes goûtaient les plaisirs pris en commun avec la mère, les enfants et quelques amis qui, une ou deux fois par mois, se réunissaient à la famille.

« Aujourd'hui, tout est changé. Chacun cherche la joie au dehors. Nos femmes ne songent qu'à leur toilette et dédaignent la vie douce et *cachée* d'autrefois, et les garçons vont au cabaret à l'exemple de leur père.... — Sommes-nous plus heureux? Ce besoin, plus impérieux chaque jour, du luxe et des amusements cherchés hors de chez soi, est-il un progrès? J'en doute fort. Mais vous hochez la tête, vous autres, qui êtes allés à l'école? Tenez, c'est l'école qui vous a *gâtés!* »

Ainsi parlait le vieux François, répétant ce qu'il avait dit maintes fois. C'était à la veillée, pendant le mois de décembre, lorsqu'on égrenait le maïs. Les jeunes gens des deux sexes se regardaient en souriant. Personne ne répondait au père *De-mon-temps*, comme ils l'appelaient. Cependant, un valet de la ferme, conscrit depuis un mois, enhardi par l'idée de son prochain départ, osa prendre la parole.

« Père François, dit-il, je sais lire, et j'ai lu dans les livres que M. l'instituteur m'a prêtés, que, de tout temps, les vieillards ont répété ce que vous répétez vous-même, et opposé le passé au présent. Avaient-ils tort? Avez-vous raison? Je ne sais. Mais il faut croire que nous ne valons pas grand'-chose, si les hommes n'ont fait perpétuellement que *dégénérer*. Les anciens étaient donc bien parfaits? Sommes-nous plus mauvais pour être un peu moins ignorants? »

La remarque était embarrassante. Le vieux François courba la tête et se mit à réfléchir.

En ce moment, le curé de la paroisse, qui s'était tenu sur le seuil de la porte, écoutant les gens de la veillée, s'avança au milieu d'eux :

« François, dit-il, et vous, mes enfants, vous avez tous tort et raison.

« François a tort d'attribuer à l'école le changement qui s'est opéré dans les mœurs et les habitudes. Cet amour du luxe et des plaisirs bruyants, ce besoin de s'amuser ou mieux de s'étourdir en des distractions que la famille ne peut donner, sont engendrés par des causes qu'il ignore et que je vous expliquerai plus tard.

« L'école n'y est pour rien. Si elle a momentanément porté quelque trouble dans la société en créant une sorte de privilége pour ceux qui savent, ou plutôt en éveillant en eux certaine vanité, certains appétits et une *humeur* voyageuse inconnue à nos pères, elle guérira bien vite ce mal passager. L'instruction généralisée fera disparaître le privilége et apportera un perfectionnement réel.

« Mais François a raison, quand il regrette les mœurs simples et modestes d'autrefois. Il a raison de dire que, dans nos campagnes, on a perdu le goût du vrai bonheur. Et où ne l'a-t-on pas perdu ?

« Cependant, laissez au temps et à la diffusion de l'instruction populaire le soin de faire leur œuvre. A mesure que disparaîtront les inégalités intellectuelles et que se rapprocheront, dans un esprit de charité et de fraternité chrétiennes, toutes les âmes et tous les cœurs, — ce qui est prochain, ou il faudrait craindre la colère divine, — vous verrez renaître le goût de la famille et des plaisirs honnêtes, avec le goût du devoir et l'amour de la profession paternelle. »

XXXII

Ésope et les langues.

Un certain jour de marché, Xantus, qui avait dessein de régaler quelques-uns de ses amis, commanda à Ésope d'acheter ce qu'il y avait de meilleur, et rien autre chose. « Je t'apprendrai, dit en soi-même le Phrygien[1], à *spécifier* ce que tu souhaites, *sans*

1. Ésope, célèbre fabuliste (né en Phrygie), fut longtemps l'esclave du philosophe Xantus.

t'en remettre à la discrétion d'un esclave. » Il n'acheta donc que des langues, lesquelles il fit accommoder à toutes les sauces : l'*entrée*, le *second*, l'*entremets*, tout ne fut que langues. Les conviés louèrent d'abord le choix de ce mets ; à la fin ils s'en dégoûtèrent. « Ne t'ai-je pas commandé, dit Xantus, d'acheter ce qu'il y aurait de meilleur? — Eh ! qu'y a-t-il de meilleur que la langue? reprit Ésope. C'est le lien de la vie civile, la clef des sciences, l'organe de la vérité et de la raison : par elle on bâtit les villes et on les police ; on instruit, on persuade, on règne dans les assemblées, on s'acquitte du premier de tous les devoirs, qui est de louer les dieux. — Eh bien, dit Xantus, qui prétendait l'attraper, achète-moi demain ce qui est de pire ; ces mêmes personnes viendront chez moi ; et je veux *diversifier*. »

Le lendemain, Ésope ne fit encore servir que le même mets, disant que la langue est la pire chose qui soit au monde : c'est la mère de tous les débats, la nourrice des procès, la source des divisions et des guerres. Si on dit qu'elle est l'*organe* de la vérité, c'est aussi celui de l'erreur, et, qui pis est, de la calomnie. Par elle on détruit les villes, on persuade de méchantes choses. Si d'un côté elle loue les dieux, de l'autre elle profère des blasphèmes contre leur puissance. Quelqu'un de la compagnie dit à Xantus que véritablement ce valet lui était fort nécessaire; car il savait le mieux du monde exercer la patience d'un philosophe.

XXXIII

La mort des enfants de Frédégonde.

L'année 580 fut marquée, dans toute la Gaule, par des fléaux naturels. Au printemps, le Rhône et la Saône, la Loire et ses affluents, grossis par des pluies continuelles, débordèrent et firent de grands ravages. Toute la plaine d'Auvergne fut inondée ; à Lyon, beaucoup de maisons furent détruites par les eaux, et une partie des murs de la ville s'écroula. Dans l'été, un orage de grêle dévasta le territoire de Bourges ; la ville d'Orléans fut à demi consumée par un incendie. Un tremblement de terre assez violent pour ébranler les remparts des villes se fit sentir à Bordeaux et dans le pays voisin ; la secousse, prolongée vers l'Espagne, détacha des Pyrénées d'énormes quartiers de roche qui écrasèrent les troupeaux et les hommes. Enfin, au mois d'août, une épidémie de petite vérole de la nature la plus meurtrière se déclara sur quelques points de la Gaule centrale, et, gagnant de proche en proche parcourut tout le pays.

L'idée de *poison occulte*, qui, dans de semblables désastres, ne manque jamais de s'offrir aux imaginations populaires, fut admise presque généralement, et les *potions* d'herbes antivénéneuse jouèrent le principal rôle parmi les remèdes qu'on essaya. La mortalité, qui était effrayante, frappait surtout les enfants et les personnes jeunes. La douleur des pères et des mères dominait dans ces scènes lugubres, comme le trait le plus déchirant; elle arrache au *contemporain* un cri de sympathie dont l'expression a quelque chose de tendre et de gracieux : « Nous perdions, dit-il, nos doux et chers petits enfants que nous avions réchauffés dans notre sein, portés dans nos bras, nourris avec un soin attentif, d'aliments donnés de notre propre main; mais nous essuyâmes nos larmes et nous dîmes avec le saint homme Job : Le Seigneur me les a donnés, le Seigneur me les a ôtés, que le nom du Seigneur soit béni. »

Lorsque l'épidémie, après avoir désolé Paris et son territoire, se porta vers Soissons enveloppant avec cette ville la résidence royale de Braine, l'un des premiers qu'elle atteignit fut le roi Hilpérik. Il ressentit les graves symptômes du mal à son début, mais il eut, dans cette épreuve, le *bénéfice de l'âge*, et il se releva promptement. A peine il entrait en convalescence, que le plus jeune de ses fils, Dagobert, qui n'était pas encore baptisé, tomba malade. Par un sentiment de prévoyance religieuse, et dans l'espoir d'attirer sur lui la protection divine, ses parents se hâtèrent de le présenter au baptême. L'enfant parut se trouver un peu mieux, mais bientôt son frère, Chlodobert, âgé de 15 ans, fut pris comme lui de la maladie régnante. A la vue de ses deux fils en péril de mort, Frédégonde fut saisie de cruelles angoisses de cœur que la nature fait souffrir aux mères, et, sous le poids de l'anxiété maternelle, quelque chose d'étrange se passa dans cette âme si brutalement égoïste. Elle eut des *éclairs de conscience* et des sentiments d'humanité; il lui vint des pensées de remords, de pitié pour les souffrances d'autrui, de rainte des jugements de Dieu. Le mal qu'elle .vait fait ou conseillé jusque-là, surtout les ombres événements de cette année, le sang ersé à Limoges, les misères de tout genre u'avait produites par tout le royaume l'éta-lissement des nouveaux tributs se repré-aient à elle, troublaient son imagination t lui causaient un repentir mêlé d'effroi.

Agitée par ses craintes maternelles et par e soudain retour sur elle-même, Frédégonde e trouvait un jour avec le roi dans la pièce lu palais où leurs deux fils étaient couchés n proie à l'accablement de la fièvre. Il y vait du feu dans l'âtre à cause des premiers roids de septembre et pour la préparation les breuvages qu'on administrait aux jeunes malades. Hilpérik, silencieux, donnait peu de signes d'émotion; la reine, au contraire, soupirait, promenant ses regards autour d'elle, et les fixant, tantôt sur l'un, tantôt sur l'autre de ses enfants, montrait par son attitude et ses gestes, la vivacité et le trouble des pensées qui *l'obsédaient.* Dans un pareil état de l'âme, il arrivait souvent aux femmes germaines de prendre la parole en vers improvisés ou dans un langage plus poétique et plus *modulé* que le simple discours. Soit qu'une passion véhémente les dominât, soit qu'elles voulussent, par un épanchement de cœur, diminuer le poids de quelque souffrance morale, elles recouraient d'instinct à cette manière plus *solennelle* d'exprimer leurs émotions et leurs sentiments de tout genre, la douleur, la joie, l'amour, la haine, l'indignation, le mépris. Ce moment d'inspiration vint pour Frédégonde : elle se tourna vers le roi, et, attachant sur lui un regard qui commandait l'attention, elle prononça les paroles suivantes :

« Il y a longtemps que nous faisons le mal et que la bonté de Dieu nous supporte; souvent elle nous a châtiés par des fièvres et d'autres maux, et nous ne nous sommes pas *amendés.*

« Voilà que nous perdons nos fils; voilà que les larmes des pauvres, les plaintes des veuves, les soupirs des orphelins les tuent, et nous n'avons plus l'espérance d'amasser pour quelqu'un.

« Nous thésaurisons sans savoir pour qui nous accumulons tant de choses; voilà que nos trésors restent vides de posses-seur, pleins de rapines et de malédic-tions.

« Est-ce que nos celliers ne regorgeaient pas de vin? Est-ce que nos greniers n'é-taient pas combles de froment? Est-ce que nos coffres n'étaient pas remplis d'or, d'ar-gent, de pierres précieuses, de colliers et d'autres ornements impériaux? Ce que nous avions de plus beau, voilà que nous le perdons. »

Ici les larmes qui dès le début de cette lamentation avaient commencé à couler des yeux de la reine et qui, à chaque pause, étaient devenues plus abondantes, étouffèrent sa voix. Elle se tut et resta la tête penchée, sanglotant et se frappant la poitrine ; puis elle se redressa comme inspirée par une résolution soudaine, et dit au roi :

« Eh bien ! si tu m'en crois, viens et jetons au feu tous ces *rôles d'impôts* iniques ; contentons-nous, pour notre fisc, de ce qui a suffi à ton père, le roi Clother. »

Aussitôt elle donna l'ordre d'aller chercher dans ses coffres les registres de *recensement* que Marcus avait apportés des villes qui lui appartenaient. Lorsqu'elle les eut sous sa main, elle les prit l'un après l'autre et les jeta dans le large foyer, au milieu des tisons brûlants. Ses yeux s'animaient en voyant la flamme envelopper et consumer ces rôles obtenus à grand'peine. Mais le roi Hilpérik, étonné bien plus que joyeux de cette action inattendue, regardait sans proférer un seul mot d'*acquiescement*.

« Est-ce que tu hésites, lui dit la reine d'un ton impérieux : fais ce que tu me vois faire, afin que si nous perdons nos fils, nous échappions du moins aux peines éternelles. »

Obéissant à l'impulsion qui lui était donnée, Hilpérik se rendit à la salle du Palais, où les actes publics étaient réunis et conservés ; il en fit extraire tous les rôles dressés pour la perception des nouvelles taxes, et commanda qu'ils fussent jetés au feu. Ensuite, il envoya dans les diverses provinces de son royaume des hommes chargés d'annoncer que le décret de l'année précédente sur l'*impôt territorial* était annulé par le roi et de défendre aux comtes et à tous les *officiers fiscaux* de l'exécuter à l'avenir.

Cependant la maladie mortelle suivait son cours : le plus jeune des deux enfants succomba le premier. Ses parents voulurent qu'il fût enseveli dans la *basilique* de Saint-Denis, et ils firent transporter son corps du palais de Braine à Paris, sans l'accompagner eux-mêmes. Tous leurs soins se portèrent dès lors sur Childebert, dont l'état ne donnait plus qu'une faible espérance. Renonçant pour lui à tout secours humain, ils le placèrent sur un brancard et ils le conduisirent à pied jusque dans Soissons, à la basilique de Saint-Médard. Là, suivant une des pratiques religieuses du siècle, ils l'exposèrent, couché dans son lit, près de la tombe du saint, et firent un vœu solennel pour le rétablissement de sa santé. Mais le malade, épuisé par la fatigue d'un trajet de plusieurs lieues, entra en agonie le jour même, et il expira vers minuit. Cette mort émut vivement toute la population de la ville : à l'impression de sympathie que cause d'ordinaire la fin prématurée des personnes royales, se joignait, pour les habitants de Soissons, un retour personnel en eux-mêmes. Presque tous avaient à pleurer quelque mort récente. Ils se portèrent en foule aux funérailles du prince, et le suivirent processionnellement jusqu'au lieu de sa sépulture, la basilique des martyrs saint

Crépin et saint Crépinien. Les hommes versaient des larmes, et les femmes, vêtues de noir, donnaient les mêmes signes de douleur qu'aux obsèques d'un père ou d'un époux : il leur semblait, en accompagnant ce convoi, mener le deuil de toutes les familles.

XXXIV

Le chant du rossignol.

A l'approche de la nuit, lorsque les forêts se taisent par degrés, que pas une feuille, pas une mousse ne soupire, que la lune est dans le ciel, que l'oreille de l'homme est attentive, le premier *chantre* de la création *entonne ses hymnes* à l'Éternel.

D'abord il frappe l'écho des brillants éclats du plaisir : le désordre est dans ses chants ; il saute du grave au doux, du doux au fort :

il fait des pauses, il est lent, il est vif : c'est un cœur que la joie enivre, un cœur qui palpite sous le poids de l'amour.

Mais, tout à coup, la voix tombe, l'oiseau se tait.

Il recommence ! que ses accents sont changés ! quelle tendre *mélodie !* tantôt ce sont des modulations languissantes, quoique variées : tantôt c'est un air un peu monotone, comme ces vieilles romances françaises, chefs-d'œuvre de simplicité et de mélancolie.

Le chant est aussi souvent la marque de la tristesse que de la joie : l'oiseau qui a perdu ses petits chante encore; c'est encore l'air du temps du bonheur qu'il redit, car il n'en sait qu'un; mais, par un coup de son art, le musicien n'a fait que changer de clef, et la *cantate* du plaisir est devenue la *complainte* de la douleur.

Ceux qui cherchent à déshériter l'homme, à lui arracher l'empire de la nature, voudraient bien prouver que rien n'est fait pour nous. Or, le chant des oiseaux, par exemple, est tellement commandé pour notre oreille, qu'on a beau persécuter *les hôtes des bois*, ravir leurs nids, les poursuivre, les blesser avec des armes ou avec des piéges, on peut les remplir de douleur, mais on ne peut les forcer au silence. En dépit de nous il faut qu'ils nous charment, il faut qu'ils accomplissent l'ordre de la Providence. Esclaves dans nos maisons, ils multiplient leurs accords : il y a sans doute quelque harmonie cachée dans le malheur, car tous les infortunés sont enclins au chant.

XXXV

L'olivier, le figuier, la vigne et le buisson.

Dans un village ou bourg de notre république[1]
Demeuraient deux marchands *forts sur la politique*,

1. Cette pièce a été composée en 1798.

L'un d'épices et d'huile y tenait magasin;
Aux ivrognes du lieu l'autre vendait son vin :
Tous les deux bons vivants, bien faits, de bonne mine,
Faibles de sens commun, robustes de poitrine,
Prêts à parler de tout, sans se douter de rien,
Ainsi que tels et tels que vous connaissez bien.
Ayant de longs discours étourdi l'assemblée,
Tous deux pour électeurs furent choisis d'emblée,
Et satisfaits d'eux-mêmes ainsi que du *scrutin*,
Pour se rendre au chef-lieu, se mirent en chemin.
Les jacobins, la paix, les cloches, les finances [ces.
Leur font dire, en marchant, cent mille impertinen-
Vers midi, pour dîner, on entre au cabaret;
Là, pour passer le temps, avant que tout soit prêt,
L'épicier, bel esprit, et jaloux de s'instruire,
Veut qu'on lui donne un livre ou des papiers à lire.
« N'avez-vous rien de neuf qui vienne de Paris?
J'aime fort les journaux, lorsqu'ils sont bien écrits;
Le *Miroir* est profond, le *Moniteur* est drôle;
Vous pourriez bien dans peu m'y voir jouer un rôle....
« — Ah! parbleu, croyez-vous, répondit l'hôtelier,
Que je m'amuse après ce fatras de papier?
Ce n'est pas en lisant que je fais mon commerce,
J'ai mon four à chauffer, mon vin à mettre en perce;

S'il entre un livre ici, ce sera le premier.
Attendez cependant.... il me reste, au grenier,
De ma pauvre défunte un livre de prière,
Et la Bible en lambeaux, traînant dans la poussière.
« — Une Bible? eh bien! soit, il faut s'en contenter. »
L'hôte, en la secouant, s'empresse à l'apporter;
Et du livre enfumé la page jaunissante
S'ouvre, fort à propos, à la fable suivante :
Les arbres, rassemblés pour une élection
(Ce mot de nos lecteurs piqua l'attention),
De la place à donner, brillante et difficile,
Firent l'offre d'abord à l'Olivier fertile ;
Par ses fruits excellents il était renommé,
Chéri pour sa douceur et de tous estimé.
Il refusa l'honneur que l'on voulait lui faire. [traire
« Qui? moi? dit-il, que j'aille, à moi-même con-
Aux fureurs des partis me livrant désormais,
Oublier que je suis un *symbole de paix?*
Je ne sais point haïr ; vos débats, vos querelles,
Et vos inimitiés qui deviennent mortelles,
M'éloignent sans regret d'un poste glorieux,
Où je m'attirerais un peuple d'envieux ;
Je ne veux éblouir ni gouverner personne ;
Jouissez de mes fruits qu'avec plaisir je donne ;

Pour être à ma manière utile si je peux,
Un beau temps et la paix, c'est tout ce que je veux.
Recevant à son tour un semblable message,
Le Figuier ne fut pas moins modeste et moins sage;
« Pour tant d'éclat, dit-il, je ne fus point nourri;
Les regards du soleil, la faveur d'un abri,
Un coin dans le verger, que faut-il davantage?
Ah ! je serai toujours content de mon partage,
Si je puis à loisir, dans mon obscurité,
Conduire d'heureux fruits à leur maturité.
Veiller au bien de tous est un soin trop pénible:
C'est bien moins un honneur qu'une charge terrible ;
Je la cède aux plus forts, aux plus hardis que moi;
Je crains moins d'obéir que de donner la loi. »
De ce double refus les arbres s'étonnèrent,
Et vers la Vigne alors tous les vœux se tournèrent ;
Mais elle : « Y pensez-vous ? Mon nectar précieux,
La force et le plaisir des hommes et des dieux,
Voudrais-je, dites-moi, cesser de le répandre
Pour un stérile honneur dont il faudrait dépendre?
La santé, la gaité, ce sont là mes bienfaits ;
M'irais-je embarrasser d'infructueux projets,
Éveiller la malice, armer la calomnie,
Souvent encouragée et rarement punie,

Et par l'ingratitude enfin me voir payer,
Persécuter peut-être, ou du moins oublier;
Votre *idole* aujourd'hui, demain votre victime?
A quelque autre portez votre frivole estime....
« — A moi, dit le Buisson (qui se mit sur les rangs,
Et de ses doigts crochus arrêtait les passants),
A moi, mes bons amis: je suis par la nature
Bien pourvu, bien armé, pour repousser l'injure;
Mes aiguillons piquants sauront vous protéger,
Percer vos ennemis et vous en bien venger;
Vous pourrez vous cacher dans mon sein favorable,
Je suis bas, tortueux, obscur, impénétrable. »
Enfin, à sa manière, il osait se vanter,
Et par quelques échos se faisait répéter.
Qui sait être impudent a de grands avantages:
Si bien que lorsqu'on eut recueilli *les suffrages*,
Le Buisson se trouva nommé par grand hasard.
Chacun en fut honteux, mais il était trop tard.
« Collègue, interrompit l'amateur de vendange,
Cette Bible a raison et parle comme un ange,
Deux préceptes fort bons sont cachés là-dessous.
D'abord les grands emplois ne sont pas faits pour [nous,
Première instruction qui doit nous être utile:
Pensons à débiter, moi mon vin, toi ton huile.

Pour nous peindre tous deux, et sous nos propres
La Vigne et l'Olivier semblent là mis exprès; [traits,
De plus souvenons-nous de chercher le mérite;
Forçons-le d'accepter les emplois qu'il évite;
A tous nos électeurs portons cette leçon.
L'ont-ils mise à profit? On craint que le Buisson
N'ait trop su quelquefois, par une erreur insigne,
Écarter le Figuier, l'Olivier et la Vigne.

XXXVI

La forfanterie ou les sots tours de force.

Les jeunes gens de la campagne font parade de leur force musculaire. De là d'absurdes paris qui parfois ont un résultat funeste.

« Gageons, dit l'été dernier le grand Jacques, gageons qu'aucun de vous ne soulèvera ce char de foin? »

Ses camarades de rire.

« Quel est l'homme assez fort pour porter dix quintaux ?

— Il y en a un, et c'est moi, répliqua-t-il vivement.

— Toi ?

— Oui, moi. Vous allez voir. »

Il plaça ses épaules sous l'essieu, et, d'un effort énergique, il souleva la charrette lourdement chargée, aux grands applaudissements des faucheurs.

Le pauvre garçon ne *jouit pas de son triomphe.* Un jet de sang s'échappa de sa bouche ; il s'était brisé une artère. Quelques heures après, il était étendu sans vie.

Cet exemple aurait dû corriger les villageois. On ne s'avisa plus, il est vrai, de renouveler la malheureuse expérience tentée par Jacques ; mais on fit des gageures aussi sottes.

Aux vendanges, un paysan, marié et père de trois enfants, paria, avec deux autres pères de famille, que, sans aucune aide, il placerait sur sa voiture un fût contenant plus de deux hectolitres de raisin. Je ne vous dirai pas l'*enjeu;* vous ne comprendriez pas comment on *joue sa vie* pour si peu de chose.

C'était un vigoureux gaillard. Tant que le tonneau fut à terre, il le fit mouvoir à son gré. L'*ascension* fut plus laborieuse. La charrette des paysans limousins a devant elle une longue pièce inclinée qu'on nomme l'aiguille et où on attelle les bœufs. Notre homme poussa la barrique sur l'aiguille, l'y installa, et poussa encore. Tout alla bien jusqu'au milieu du parcours. Mais arrivé là, le fût dévia légèrement, oscilla et finit par tomber sur les genoux de l'imprudent parieur.

Aux abords d'une gare voisine de Limoges, les voyageurs rencontrent un pauvre estropié qui se traîne à grand'peine en s'appuyant sur des béquilles, et qui demande l'aumône, accompagné de deux ou trois enfants déguenillés. C'est le paysan qui voulait porter un tonneau.

XXXVII

Le coq de Marseille.

Ce que j'ai vu de plus beau à Marseille, c'est un coq. Ce coq était mon voisin. C'est lui qui me réveillait tous les jours, quand ce n'étaient pas les cousins ou autres réveille-matin, fort nombreux dans le Midi. Son plumage était d'une *exquise* beauté. Sa crête était d'un beau rouge de sang, et, ce qui est rare, sans autres *échancrures* que celles que la nature a faites aux crêtes de coq ; ce que j'attribuais à l'heureuse situation de mon voisin, lequel, étant sans rivaux, n'avait à défendre sa crête contre personne. Il était haut sur ses pattes, fier, mais point vain, ne chantant qu'à propos et à de rares intervalles, ce qui contrastait agréablement avec l'infatigable loquacité des *oiseaux à deux pieds et sans plumes*, au milieu desquels il vivait. Je ne l'ai jamais vu s'échauffer pour des riens, ni gesticuler outre mesure avec la seule partie de lui-même qui lui a été donnée pour accompagner ses gestes, je veux dire sa crête. Il était doux, calme, silencieux comme les têtes pensantes du Nord.

Je n'oublierai jamais une circonstance très-solennelle où mon coq donna une preuve éclatante de sang-froid, de prudence et même de *tactique*, comme vous l'allez voir. Un jour qu'il était à gratter péniblement la terre d'entre les pavés, entouré de ses poules auxquelles il jetait généreusement les vermisseaux qu'il y trouvait, un grand bruit de fifres et de tambourins se fit entendre à l'extrémité de la rue où il logeait. Je le vis dresser son cou et prêter l'oreille au bruit avec une émotion croisante; il se percha sur le brancard d'une brouette, comme un chef qui monte au haut d'une colline pour observer les mouvements de l'ennemi. Les poules s'étaient rangées, toutes tremblantes, autour de lui, attendant qu'il donnât le signal de la retraite. Bientôt les joueurs de fifre débouchèrent à l'entrée de la rue, dans un appareil qui aurait fait peur à de plus braves que mon voisin. Un premier rang de tambours ouvrait la marche. Jamais je n'ai vu caisses plus longues, plus criardes et moins guerrières. Au second rang, des joueurs de fifre accompagnaient les tambours, et perçaient les oreilles de leurs sons aigus et discordants. Venaient ensuite une demi-douzaine de grands garçons, portant des espèces de *hallebardes* surmontées de pains en couronne, et la tête couverte de chapeaux de maréchaux de France ou de rois, avec peluche blanche en dedans et galons dorés. Cette grotesque armée s'avançait d'un pas tumultueux, précédé d'une avant-garde d'enfants, qui mêlaient leurs petits cris argentins au bruit des fifres et des tambours. C'était, si je m'en souviens bien, une députation d'un village voisin, qui allait en pèlerinage à une chapelle très-haute, d'où l'on a un magnifique coup d'œil sur la mer, et dont le nom ne me revient pas en ce moment.

Le coq suivait *froidement* toutes les *évolutions* de l'armée ennemie. Je ne serais pas véridique si je disais qu'il n'était pas très-ému. Il me sembla voir tout son plumage frémir. Il descendit du brancard, et commença son mouvement de retraite à l'extrémité opposée de la rue. Mais ici se présentait une difficulté. Le coq est, comme le chat, l'hôte de la maison; il n'aime pas à s'égarer, changer d'horizon, ni exposer ses poules à tous les risques d'un déplacement. Il fallait donc ne pas quitter la rue, et cependant échapper à l'ennemi. Que faire? Je le vis un moment hésiter, courir en poussant un peit cri, puis s'arrêter, puis revenir sur ses as. Mon cœur battait avec violence. Mes rutaux, au chapeau royal, avançaient, non as au pas de charge, mais à un pas plus rrégulier, et qui prend plus de place, au as de gens qui se sont *bien lestés* pour leur èlerinage. J'eus peur un moment que mon oisin, perdant la tête (on l'eût perdue à noins), ne prît le parti de s'échapper entre es jambes de la troupe, en s'abandonnant toutes les chances ignominieuses *d'un auve qui peut;* mais cette peur ne dura que 'instant d'un éclair. La porte de derrière de non hôtel, donnant sur la rue, était en-r'ouverte : mon coq s'en aperçoit, et, mal-gré sa répugnance native à entrer dans la naison d'autrui, il s'y élance d'un vigou-eux coup d'aile, en jetant un cri singulier, où je crus distinguer tout à la fois le senti-ment du danger et le sentiment de la déli-vrance : en un moment toutes les poules fu-ent abritées derrière la porte hospitalière.

XXXVIII

De la reconnaissance.

Beaucoup d'hommes, si leur bienfaiteur montre ou paraît avoir une trop haute idée du service qu'il leur a rendu, s'en offensent comme d'une injustice et cherchent à y trouver un prétexte pour manquer à la reconnaissance qu'ils lui doivent. Beaucoup d'hommes, parce qu'ils ont la lâcheté de rougir d'un bienfait reçu, sont ingénieux à supposer qu'on l'a fait par intérêt, par *ostentation*, par tout autre motif aussi indigne, et s'imaginent par là excuser leur ingratitude. Beaucoup d'hommes, *lorsqu'ils se sont élevés*, s'empressent de rendre un bienfait pour se décharger du poids de la reconnaissance. Cela fait, ils croient pouvoir sans crime oublier tous les égards qu'elle leur impose[1].

Toutes les *subtilités* qu'on imagine pour justifier l'ingratitude sont vaines. L'ingrat est un homme vil. Ne tombez pas dans cette bassesse; ne laissez échapper aucune occasion de montrer votre gratitude.

Si votre bienfaiteur s'enorgueillit des avantages que vous lui devez, s'il n'a pas la *délicatesse* que vous souhaiteriez, si l'on peut douter que ce ne soit pas uniquement par générosité qu'il vous a secouru, ce n'est pas à vous qu'il appartient de le condamner. Jetez un voile sur ses torts réels ou apparents, et considérez seulement le bien

1. Silvio Pellico n'a pas parlé d'une certaine ingratitude très-commune. On trouve souvent des personnes qui, après avoir été comblées de bontés et de prévenances, oublient à la première contrariété les bienfaits reçus, faisant un grief sérieux au bienfaiteur d'avoir cessé un instant d'être agréable, comme si c'était son rôle obligé et un devoir dont l'oubli accidentel dispense de toute reconnaissance pour les services qu'il a antérieurement rendus.

qu'il vous a fait, quand même vous l'auriez rendu et même au centuple.

On est quelquefois reconnaissant au fond du cœur ; mais on ne parle pas du bienfait reçu. Ce silence est coupable : qu'aucune mauvaise honte ne vous retienne; publiez le bienfait reçu, confessez-vous l'obligé de l'honnête homme qui vous a tendu la main. « Remercier sans témoins est souvent une ingratitude, » a dit l'excellent *moraliste* Blanchard.

Un noble cœur se montre reconnaissant, même des moindres bienfaits. La reconnaissance est l'âme de la religion, de l'amour filial, de l'amour pour ceux qui nous aiment, de l'amour pour la société humaine à laquelle nous sommes redevables de tant de protections, de tant de douceurs.

En pratiquant cette reconnaissance pour tous les biens que nous recevons de Dieu et des hommes, nous deviendrons plus forts t plus résignés à supporter les maux de ette vie, plus disposés à l'indulgence et à enir en aide à nos semblables.

XXXIX

Virgile.

Virgile (Virgilus Maro, né près de Mantoue en 70, mort l'an 19 avant J. C.) est le plus parfait des poëtes romains. Imitateur d'Homère, il a chanté les origines de la *ville éternelle* dans une *épopée* qui a pour titre l'Énéide, et pour héros le Troyen Énée.

Virgile vécut à la campagne. Il a célébré les travaux des champs dans les Géorgiques, qui sont un chef-d'œuvre de poésie descriptive. Il a composé en outre quelques poëmes pastoraux ou Bucoliques (de Bouc, parce que le prix du chant était un bouc) dans lesquels on remarque des détails charmants, mais où les bergers parlent une langue beaucoup trop *raffinée*.

Comme Horace, Virgile fut protégé par Mécène et Auguste.

MORT DE MÉZENCE.

Chassé de l'Étrurie à cause de sa cruauté, Mézence s'était réfugié auprès d'un roi voisin. Tous deux luttèrent contre l'invasion étrangère; mais leurs efforts furent vains.

Au moment où ce récit commence, Lausus vient de succomber en sauvant la vie à son père.

Mézence étanche au bord du Tibre sa blessure dans les ondes et s'appuie contre le tronc d'un arbre. Non loin, son casque d'airain est suspendu aux rameaux et ses armes pesantes reposent sur le gazon. L'élite des guerriers l'environne. Lui-même, affaibli, haletant, soutient sa tête, et sa longue barbe tombe en désordre sur sa poitrine. Sans cesse il s'informe de Lausus son fils, sans cesse il envoie ses amis le rappeler et lui porter les ordres d'un père consterné; mais les compagnons de Lausus, baignés de pleurs, rapportent sur ses armes le corps de ce guerrier terrible, vaincu par une terrible blessure. Mézence entend de loin les gémissements, présage de son malheur. Il couvre sa chevelure d'une immonde poussière, tend les deux mains vers le ciel et embrasse le corps de son fils : « Ai-je donc assez tenu à la vie, ô mon enfant! ma seule joie! pour souffrir que tu te livres à ma place au glaive ennemi, toi que j'ai mis au jour! Je suis ton père et tes blessures m'ont sauvé! et je vis par ta mort! Hélas! maintenant, ô malheureux! mon exil m'est cruel; maintenant je suis profondément blessé! C'est moi, mon fils, c'est mon déshonneur qui souille ton nom; ce sont mes attentats qui m'ont arraché le trône et le *sceptre* paternel. Je devrais mon sang à la patrie, à la haine des miens; mille morts devraient expier mes crimes, et je vis! et je n'abandonne point les hommes et la lumière! Je les abandonnerai. »

A ces mots, il se relève sur sa cuisse bles sée, et, quoique la douleur de sa profond blessure le retarde, il la surmonte et or donne d'amener son coursier : c'est sa gloire c'est sa consolation, c'est lui qui l'a remen vainqueur de tous les combats. Il s'adress à son cheval attristé et lui dit : « Rhèbe nous avons longtemps vécu, si quelqu chose est long pour les mortels. Ou tu rap porteras aujourd'hui en triomphe la dé pouille sanglante et la tête d'Énée, et t vengeras avec moi la mort de Lausas, ou si nul effort ne nous ouvre le chemin de l victoire, nous tomberons ensemble; car j ne crois pas, généreux Rhèbe, que tu daigne obéir à un autre qu'à moi, ni prendre pou maître un Troyen. »

Il dit, et se place sur son coursier accoutu mé à ce noble fardeau. Il charge ses main de javelots aigus, et sa tête brille d'un casqu d'airain hérissé de longs crins de cheval. Rapide, il se précipite au milieu des bataillons. Au fond de son cœur bouillonne l'excès de la honte, la démence du désespoir. la tendresse mêlée à la rage et la conscience de sa valeur.

Trois fois il appelle Énée à grands cris. Énée le reconnaît, et, transporté de joie. il prie les Immortels : « Fasse le père des dieux et le grand Apollon que tu me provoques au combat! » A l'instant, il fond sur lui avec sa lance redoutable :

« Barbare, s'écrie Mézence, tu as égorgé mon fils et tu crois m'effrayer! Ah! c'était le seul moyen de me faire périr. Non, je ne crains point la mort; non, je n'implore aucun dieu. Cesse tes menaces : je veux mourir; mais je t'envoie ces présents. » Il dit, lance avec fureur un dard suivi d'un second, d'un troisième, et s'agite dans un vaste cercle; mais Énée, sous son bouclier d'or, soutient ce terrible assaut.

Trois fois Mézence ramène à gauche son coursier et sa main lance des traits; trois fois le héros troyen tourne avec l'horrible forêt de dards enfoncés dans l'airain de son *pavois.*

Impatient de tant de retards, de tant de traits qu'il arrache, Mézence, pressé par cet inégal combat, agite mille pensées. Enfin, il s'élance et darde son javelot entre les deux tempes de son cheval belliqueux : l'animal se cabre, frappe l'air de ses pieds et tombe en arrière sur son maître qu'il accable du poids de ses flancs.

Les Troyens et les Latins remplissent le ciel de leurs cris. Énée arrache l'épée au fourreau : « Où est donc maintenant le fier Mézence, dit-il, et sa féroce intrépidité? » Mézence lève les yeux au ciel, et, reprenant *ses esprits :* « Cruel ennemi, pourquoi m'insulter? pourquoi me menacer de la mort? Il t'est permis de m'égorger. Je ne suis point venu au combat pour t'implorer;

mon fils Lausus n'a point fait avec toi ce honteux traité. Je t'adresse une seule prière si le vaincu a droit à quelque grâce du vainqueur : permets que la terre couvre mon corps. Je vois que la haine *implacable* des miens m'environne; je t'en conjure, défends-moi de leur rage et fais-moi partager la tombe de mon fils. » En achevant ces mots, il présente la gorge au glaive, et son âme s'échappe sur ses armes avec des flots de sang.

XL

Derniers moments d'un poète.

J'ai révélé mon cœur au Dieu de l'innocence;
Il a vu mes pleurs *pénitents* ;
Il guérit mes remords ; il m'arme de constance :
Les malheureux sont ses enfants.

Mes ennemis riant ont dit dans leur colère :
Qu'il meure et sa gloire avec lui !
Mais à mon cœur calmé le Seigneur dit en père :
Leur haine sera ton appui.

A tes plus chers amis ils ont prêté leur rage ;
Tout trompe ta simplicité :
Celui que tu nourris court vendre ton image
Noire de sa méchanceté.

Mais Dieu t'entend gémir ; Dieu, vers qui te ramène
Un vrai remords, né des douleurs ;
Dieu qui pardonne enfin à la nature humaine
D'être faible dans les malheurs.

J'éveillerai pour toi la pitié, la justice
De l'*incorruptible* avenir ;
Eux-même épureront par leur long *artifice*
Ton honneur qu'ils pensent *ternir.*

Soyez béni, mon Dieu, vous qui daignez me rendre
L'innocence et son noble orgueil ;
Vous qui, pour protéger le repos de ma cendre,
Veillerez près de mon cercueil !

Au banquet de la vie, infortuné convive,
J'apparus un jour, et je meurs,

Je meurs, et sur la tombe où lentement j'arrive,
Nul ne viendra verser des pleurs!

Salut, champ que j'aimais, et vous, douce verdure,
Et vous, riant exil des bois !
Ciel, *pavillon* de l'homme, admirable nature,
Salut pour la dernière fois!

Ah! puissent voir longtemps votre beauté sacrée,
Tant d'amis sourds à mes adieux! [pleurée,
Qu'ils meurent pleins de jours, que leur mort soit
Qu'un ami leur ferme les yeux!

XLI

Une cascade aux Pyrénées.

J'eus un double plaisir à voir ma première cascade: d'abord, parce qu'elle était la première; ensuite, parce que j'en avais fait la découverte. C'était dans le torrent qui mène aux Eaux-Bonnes. Je me promenais au bord de ce torrent, cherchant de l'ombre; et, puisqu'il m'était défendu de m'asseoir au sommet de ces pics où l'air est si pur et si rafraîchi, je me cachais au fond du *ravin* pour éviter un soleil *dévorant*. J'errais au hasard sans suivre de sentier, m'enfonçant sous les hêtres, attiré comme malgré moi vers un bruit étrange autour duquel je tournais sans pouvoir l'atteindre, descendant au bord de l'eau, puis remontant le long des rives, tantôt *perdant* ce bruit, tantôt l'entendant tout près de mon oreille : c'était une cascade. L'épaisseur du bois, les mille détours du torrent, les courants d'air, en dispersant ou en concentrant le bruit de la chute, m'avaient fait croire que j'en étais loin quand j'en étais tout près, et tout près quand j'en étais loin. Enfin je l'avais trouvée. Je me laissai donc mouiller de sa *poussière humide*. J'avançai ma tête sur le bord pour sentir mes cheveux soulevés par ce souffle puissant d'une eau qui tombe de cinquante pieds ; car cettte cascade n'a que cinquante pieds, aussi n'est-elle point vantée.

Ce bruit, si nouveau pour moi, me donna une sorte d'étourdissement qui n'était pas sans charme. Il semble qu'on ne s'entende plus penser et que l'âme soit assourdie comme l'oreille.

Je me parlais, et ma voix n'arrivait pas jusqu'à mon ouïe; je marchais, et mon pied ne faisait rendre aucun son à la terre; je criais, et il me semblait que je me parlais tout bas. Un voyageur égaré pourrait se trouver ici à côté d'un brigand et tous deux passer la nuit adossés au tronc du même hêtre sans qu'il y eût ni un voleur ni un volé, ni un assassin ni une victime. Un *contrebandier* pourrait compter son butin à quelques pas d'un *douanier* à l'affût. Un ours affamé serait forcé de jeûner à côté d'un isard gîté sous la feuillée.

Je m'étais assis et je rêvais à cela, me croyant bien seul, lorsque ayant jeté les yeux *machinalement* autour de moi, je vis à ma droite, sur un quartier de marbre blanc, où tombaient quelques rayons de soleil qui s'étaient glissés à travers le bois, un beau lézard faisant son dîner d'un *scarabée*, et, à ma gauche, un vaste chapeau de paille sous lequel s'abritait un savant, lisant une flore des Pyrénées. Ni le lézard, ni le savant ne m'avaient entendu marcher, parler, crier, et ils étaient tous deux à la portée de ma main. Je regardais le lézard se redresser sur sa queue, se baisser pour mieux saisir le scarabée, dont l'aile dure était la seule défense; je regardais le savant feuilleter sa *flore* des Pyrénées et y chercher la *famille* d'une petite fleur bleue qu'il tenait dans sa main. J'aurais pu faire la lecture derrière lui et prendre ma part de ses doctes expériences. A la fin, le lézard vint à bout de son scarabée, non sans peine, et se coucha le long d'une raie de soleil pour faire sa digestion. Quant au savant, je compris à son geste animé, aux mouvements précipités de son grand chapeau de paille, qu'il avait trouvé la famille de sa fleur et qu'il poussait des exclamations de joie. Je me levai et partis sans déranger le lézard ni le savant.

XLII

L'avocat de village.

Au commencement de ce siècle, il y avait dans le Périgord, aux environs de Nontron, un village admirablement situé; on l'appelait *Beausoleil*. Les maisons étaient échelonnées sur un monticule au pied duquel coule une petite rivière qui arrose de vastes prairies. Une *ceinture* de coteaux couverts de vignes ou de taillis enveloppait le village, le ruisseau et les prés, comme pour en faire *un monde à part*.

Dans cette petite *oasis* vivait une dizaine de familles de paysans qui cultivaient leurs terres. Ils étaient à l'aise et unis; pas de querelles, pas de procès; on ignorait le chemin qui conduit à l'*audience*.

Cette heureuse paix ne devait pas durer. Un homme de Brantôme acheta une maisonnette et vint s'établir à Beausoleil. C'était un ancien *clerc d'avoué*, qui n'avait pu passer les *examens de notariat*. Grand parleur, esprit faux, présomptueux et indocile, il possédait une légère teinture des lois et se croyait un *grand homme méconnu*.

A peine installé dans le village, il y sema la division. A l'un, il persuadait qu'on avait empiété sur ses bois; à l'autre, qu'il pouvait s'approprier le chemin qui passait au milieu de son champ; à tous, qu'ils étaient des dupes et que leurs voisins étaient des fripons.

Bientôt Beausoleil fut l'*antre de la chicane*. On n'y parlait plus que de litiges, de citaions, d'assignations. Le juge de paix essayait bien de *concilier les parties*, en leur appelant les liens d'amitié ou de parenté ui les unissaient. Ils paraissaient touchés le ses exhortations paternelles et revenaient vec le désir de s'en tenir là. Mais l'avocat le village intervenait : « Le juge, disait-il, 'y voit pas clair, ou mieux je le soupçonne le s'être laissé gagner par votre adversaire. i vous *transigez* on dira que vous avez eu eur, que vous n'aviez pas raison.... et ceendant le bon droit est de votre côté ! Je ne charge de l'établir. » — Et la querelle ecommençait plus ardente qu'auparavant. n plaidait, on faisait appel, on dépensait eaucoup d'argent.

Le goût du travail se perdit; les terres, nal cultivées, furent vendues *à vil prix*. En ingt ans, le village fut ruiné et les habiants s'*expatrièrent* l'un après l'autre.

Beausoleil n'est plus qu'un amas de maures abandonnées. L'avocat de village s'était enrichi au milieu de la ruine générale ; mais, enhardi par l'*impunité*, il eut je ne sais quelle méchante idée qui lui valut quelques années de prison. On ne sait ce qu'il est devenu.

N'oubliez pas ce récit, mes enfants, et faites votre profit de la leçon qu'il contient. N'écoutez point ces *officieux* qui se mêlent des affaires d'autrui, et qui parlent toujours de droit et de juges, et jamais de concorde et de conciliation. Les habitants de la campagne se laissent aller volontiers à la manie de plaider ; ils ignorent qu'un *accommodement* à moitié bon vaut mieux que le meilleur procès, et que, si le perdant dépense beaucoup, le gagnant ne dépense guère moins. On a vu des gens qui se sont ruinés en ayant toujours gain de cause.

XLIII

Saint Thomas d'Aquin.

Saint Thomas, moine dominicain, né à Aquino en 1227, mort en 1274, est le plus puissant esprit et le plus grand *théologien* du moyen âge. On l'appelait l'*ange de l'École*.

Saint Thomas a composé un grand nombre d'ouvrages et notamment des *commentaires*. Son chef-d'œuvre, on pourrait même dire l'œuvre la plus forte qui ait été écrite par un homme, c'est la *Somme*. Tout ce qui regarde la connaissance de Dieu, les rapports de Dieu et du monde, les liens qui unissent la foi et la raison, y est traité avec un sens et une profondeur qui n'ont jamais été surpassés.

La douceur et la charité de saint Thomas

égalaient son savoir. Voici un trait de sa jeunesse qui vous le fera aimer.

« Le jeune Thomas trouvait dans les campagnes qui environnaient le château de Lorette (son père Landolphe était comte d'Aquin et seigneur de Lorette) de fréquentes occasions d'exercer sa charité. Une disette qui survint et augmenta le nombre des indigents rendit plus fréquentes encore ses libéralités envers les malheureux. Quand sa petite bourse d'enfant était épuisée, il demandait de l'argent à ses parents.

Comme les petites sommes qu'il en obtenait se trouvaient insuffisantes, il allait prendre dans les buffets de l'*office* des mets qu'il pût donner aux pauvres. Le *maître d'hôtel*, que la disparition subite de quelques pièces de volaille ou de pâtisserie avait fort contrarié, se crut enfin obligé d'en avertir le comte. Ce dernier, qui tenait à *prendre le délinquant sur le fait*, voyant un jour son fils se diriger vers l'office, le suivit de loin, sans en être aperçu. Thomas entre dans l'*office* et, n'y rencontrant personne, il ouvre un buffet, y prend une chose qu'il cache soigneusement sous son habit et, aussi prompt que l'éclair, s'élance vers le corridor ; mais il rencontre son père :

« Tu parais bien pressé, mon enfant, lui dit le comte, que portes-tu donc là sous ton habit ? »

Disant cela, le comte relève l'habit et découvre l'objet que Thomas allait donner à un malheureux qui attendait dans la cour du château.

Thomas était interdit et humilié, mais son père lui dit en l'embrassant :

« Mon enfant, je suis charmé de trouver en toi cet amour de l'humanité, l'action que tu t'es proposé de faire est excellente ; ce que je désapprouve seulement, *c'est le moyen.* Ne vois-tu pas qu'en enlevant ainsi *clandestinement* un objet qui est sous la garde du maître d'hôtel, tu peux exposer un domestique à être soupçonné de larcin? Nous ne pouvons disposer librement que des objets qui nous appartiennent en propre. Va, mon fils, porte à qui tu le destinais ce que tu viens de prendre, je t'y autorise; et désormais *prends ouvertement* et non en cachette, ce que tu juges à propos de donner. »

XLIV

Gerson.

Gerson (né à Gerson près Réthel en 1363, mort en 1429), célèbre théologien, remarquable par son savoir et son esprit de conciliation, est regardé généralement comme l'auteur de l'*Imitation de Jésus-Christ.*

Cet admirable livre renferme des consolations pour toutes les douleurs et des conseils pour toutes les situations et toutes les difficultés de la vie.

IL FAUT SUPPORTER LES DÉFAUTS DES AUTRES.

Ce qu'on ne peut corriger ou en soi ou dans les autres, on doit le supporter avec patience jusqu'à ce que Dieu en ordonne autrement. Songez que cela est peut-être utile pour vous éprouver et pour vous affermir dans la patience, sans laquelle nos *mérites* ne doivent pas être grandement *prisés*. Cependant, quand vous rencontrez de ces obstacles, vous devez humblement demander à Dieu qu'il daigne vous aider et que vous puissiez les supporter avec douceur.

Si quelqu'un, après avoir été averti une ou deux fois, ne veut pas se rendre, ne contestez point avec lui, mais remettez le tout à Dieu, afin que sa volonté se fasse, et qu'il soit glorifié dans tous ses serviteurs, puisqu'il sait changer avantageusement le mal en bien. Étudiez-vous à supporter avec patience les défauts et toutes les faiblesses des autres, parce que vous en avez aussi beaucoup qu'il faut que les autres supportent. Si vous ne pouvez vous rendre tel que vous le souhaitez, comment pourrez-vous réformer un autre à votre gré? Nous aimons que les autres soient parfaits, et cependant nous ne nous corrigeons pas de nos propres défauts.

Nous voulons qu'on *reprenne* les autres avec sévérité et nous ne voulons pas qu'on nous reprenne; l'indulgence qu'on a pour eux nous déplaît, et cependant nous ne voulons pas qu'on nous refuse ce que nous demandons : nous voulons qu'on gêne les autres par des règlements, et nous ne pouvons souffrir qu'on nous resserre davantage : il est donc visible par là combien il est rare que nous traitions notre prochain comme nous-mêmes. Si tous étaient parfaits, qu'aurions-nous alors à souffrir pour Dieu de la part des autres?

Mais Dieu a réglé les choses présentes de manière que nous apprenions à *porter les fardeaux les uns des autres*, parce qu'il n'y a personne sans défaut, personne sans son fardeau, personne qui se suffise à lui-même, personne qui soit assez sage pour se conduire, mais nous devons *mutuellement* nous supporter, nous consoler, nous aider, nous instruire et nous avertir. Or, c'est dans les crises de l'adversité que paraît le mieux toute l'étendue de la vertu de chacun; car ce ne sont pas les occasions qui rendent l'homme fragile : elles ne font que le montrer tel qu'il est.

XLV

La chute du chêne.

Le voilà donc déraciné
Ce chêne au front immense, au tronc vaste et robuste,

Ce chêne dont le temps, à détruire obstiné,
Respectait la vieillesse auguste !

Le sol a gémi sous son poids :
Il a de sa ruine étonné les campagnes ;
Et le bruit de sa chute, en traversant les bois,
A frappé l'écho des montagnes.

Dans ses rameaux l'aigle arrêté
N'assoira plus son nid sur sa cime hautaine ;
De loin, au voyageur, le vieux pâtre attristé
Ne montrera plus le grand chêne.

Souvent, de sa fraîche épaisseur,
Il couvrit le troupeau rassemblé sous ses ombres,
Souvent il protégea la *halte* du chasseur,
Abrité par ses rameaux sombres.

Majestueux sur le vallon,
Il déployait au loin son opulent ombrage ;
Des *autans*, de la foudre, et du noir *aquilon*
Trois cents ans il brava l'outrage.

La cognée eût craint de toucher
A ses pompeux rameaux, à ses fortes racines ;

Le fer du bûcheron, n'osant en approcher,
S'éloignait du roi des collines.

Mais l'ouragan s'est élancé :
Vaincu par les assauts de l'horrible tempête,
Le chêne sur la terre à grand bruit renversé
A vu tomber sa noble tête.

XLVI

Des richesses.

La religion et la philosophie s'accordent à louer la pauvreté, quand elle est vertueuse, et la préfèrent de beaucoup à un amour insatiable des richesses. *Elles n'en conviennent pas moins* qu'un homme peut être riche et posséder un mérite égal à celui du pauvre le plus vertueux.

Honneur à toutes les conditions honnêtes de l'humanité, et par conséquent aux riches, pourvu qu'ils rendent leur prospérité utile, pourvu qu'ils ne puisent pas dans le plaisir et le luxe la mollesse et l'orgueil.

Ne souffrez jamais en vous cette basse envie qui *ronge* les gens de fortune médiocre, et les pauvres *à l'encontre* des riches. Cette envie prend d'ordinaire le grave langage de la philosophie. Ce sont des déclamations passionnées contre l'injuste inégalité des fortunes, contre l'insolence des heureux et des puissants : c'est en apparence un besoin magnanime d'égalité, un désir généreux de soulager les maux si nombreux de l'humanité. Que tout cela ne vous abuse point, quoique vous l'entendiez répéter par des gens de quelque valeur ou le lisiez dans une foule d'écrivains éloquents qui, en louant la multitude, cherchent à s'en faire applaudir. Dans toutes ces colères, il y a plus d'envie, d'ignorance ou de calomnie que de zèle pour la justice.

L'inégalité des fortunes est inévitable, et il

en résulte des biens et des maux. Tel qui maltraite si fort le riche se mettrait volontiers à sa place : autant vaut laisser dans l'opulence celui qui s'y trouve. Il y a très-peu de riches qui ne dépensent pas leur revenu ; et, en le dépensant, tous contribuent avec plus ou moins de mérite, et souvent sans aucun mérite, au bien général.

Ils entretiennent le mouvement du commerce, le perfectionnement du goût, la culture des arts, les espérances si vastes de ceux qui par l'industrie veulent sortir de la pauvreté.

Ne voir en eux qu'oisiveté, mollesse, inutilité, est une sottise, une dérision. Si l'or *engourdit* les uns, il porte les autres à des actions louables. Il n'est point dans le monde une ville où les riches n'aient fondé et n'entretiennent de vastes établissements de bienfaisance ; il n'est point de pays où, individuellement ou *associés*, ils ne soient les soutiens des malheureux.

Regardez-les donc sans colère comme sans envie et ne répétez pas les sots propos de la foule. Ne soyez à leur égard ni méprisant, ni *servile;* songez que vous seriez fâché de trouver du mépris ou de la servilité en un moins riche que vous.

Soyez sagement économe des ressources de votre patrimoine. Fuyez également l'avarice, qui endurcit le cœur et gâte l'intelligence, et la prodigalité qui oblige à de honteux emprunts et à des efforts peu louables.

Si votre fortune augmente, que votre bienfaisance augmente en proportion. On peut être riche et posséder toutes les vertus; mais un riche égoïste est un vrai coupable. Qui a beaucoup doit donner beaucoup; rien ne dispense de ce devoir sacré.

Ne refusez pas votre aide au mendiant; mais que là ne se borne pas votre aumône. L'aumône *intelligente et efficace* est celle qui procure aux pauvres des moyens de vivre plus honnêtes que la mendicité, celle qui donne du travail à tous ceux qui veulent et peuvent travailler.

Songez quelquefois que des événements imprévus pourraient vous dépouiller de l'héritage de vos pères et vous jeter dans la détresse. Vous n'avez été que trop souvent témoin de pareils renversements. Aucun riche ne peut dire : « Je ne mourrai ni dans l'exil ni dans le malheur. »

Jouissez de vos richesses avec cette indépendance que les philosophes de l'Église nomment, d'après l'Évangile, pauvreté d'esprit.

Voltaire, dans un de ses jours de moquerie, a feint de croire que cette pauvreté d'esprit recommandée par l'Évangile était la sottise; mais, au contraire, elle est la force de conserver, même au sein des richesses, un cœur humble et ami de la pauvreté, capable de la supporter si elle arrive, capable de la respecter en autrui.

« Voulez-vous exercer votre âme, dit Sénèque, vivez pauvre ou comme si vous étiez pauvre. »

Si vous tombez dans la misère, ne perdez point courage ; travaillez pour vivre et sans en être honteux. L'homme qui a besoin peut être aussi estimable que celui qui lui vient en aide. Mais alors sachez renoncer de bonne grâce aux habitudes de la richesse ; ne donnez point le ridicule et misérable spectacle du pauvre orgueilleux, refusant de pratiquer les vertus qui conviennent le mieux à la pauvreté : une noble humilité, une *économie* sévère, une patience invincible dans le travail, une aimable *sérénité* d'âme malgré les rigueurs de la fortune.

XLVII

L'amour de la patrie.

L'amour de la patrie est une des plus nobles et des plus touchantes affections de l'homme. Je vous en ai déjà parlé ; laissez-moi y insister.

On ne saurait imaginer une peine plus cruelle que d'être condamné à ne plus voir la terre aimée entre toutes où l'on a vécu enfant, où sont ensevelis les ancêtres, où demeurent encore ceux qui se sont élevés avec nous, nos parents et nos amis.

« Je rêve chaque nuit de la France, disait Napoléon à Sainte-Hélène ; je demande à Dieu de la revoir avant de mourir. »

Le vœu du grand capitaine n'a pas été exaucé ; mais ses cendres reposent à l'hôtel des Invalides, pieusement gardées par ses vieux soldats.

Danton, à la veille de monter sur l'échafaud, apprit qu'on lui avait ménagé les moyens de s'évader et de passer à l'étranger : « J'accepterais volontiers, répondit-il, si l'on pouvait emporter la patrie à la semelle de ses souliers. »

Le mot est *trivial*, le sentiment est profondément vrai.

Que dirai-je du bonheur de revenir, après une longue absence, au pays natal, qui est une patrie moins grande et non moins chère au milieu de la grande patrie? Interrogez nos jeunes soldats. L'un d'eux écrivait naguère : « Je n'ai revu notre maison qu'au bout de trois ans de service. Dès que j'aperçus la cheminée qui fumait à travers les arbres, le cœur me battit bien fort. Arrivé près du champ où paissent les brebis, je vis une quenouille chargée de fil ; je la reconnus à l'usure, c'était celle de ma mère. Je pleurai comme un conscrit — c'étaient de douces larmes — et la pauvre vieille qui m'avait reconnu de loin me regardait en riant et en versant, elle aussi, des larmes de joie. »

Cette joie a été exprimée d'une manière touchante par Bernardin de Saint-Pierre, dans le récit de son arrivée en France, après une *traversée* de plusieurs mois.

« Je me rappelle que lorsque j'arrivai en France sur un vaisseau qui venait des Indes, dès que les matelots eurent distingué la terre de la patrie, ils devinrent pour la plupart incapables d'aucune *manœuvre*. Les uns la regardaient sans pouvoir en détourner les yeux, d'autres mettaient leurs beaux habits, comme s'ils avaient été au moment de descendre ; il y en avait qui parlaient tout seuls, et d'autres qui pleuraient. A mesure que nous approchions, le trouble de leurs têtes augmentait : comme ils en étaient absents depuis plusieurs années, ils ne pouvaient se lasser d'admirer la verdure des collines, le feuillage des arbres, et jusqu'aux rochers du rivage couverts d'*algues* et de mousse, comme si tous ces objets leur eussent été nouveaux. Les clochers des villages où ils étaient nés, qu'ils reconnaissaient au loin dans les campagnes, et qu'ils nommaient les uns après les autres, les remplissaient d'allégresse. Mais quand le vaisseau entra dans le port, et qu'ils virent sur le quai leurs amis, leurs pères, leurs enfants, qui leur tendaient les bras en pleurant, et qui les appelaient par leurs noms, il fut impossible d'en retenir un seul à bord. Tous sautèrent à terre, et il fallut *suppléer*, suivant l'usage du port, aux besoins du vaisseau par un autre équipage. »

XLVIII

Shakespeare.

William Shakespeare, naquit à Stradtford en 1564 et mourut en 1616. Nous avons peu de détails sur sa vie. Il quitta sa province en 1586, vint à Londres où il fut successivement *homme de peine*, *souffleur*, et enfin *acteur*. C'est en jouant des pièces médiocres qu'il conçut l'idée de son premier drame et que son génie s'éveilla, génie prodigieux par la grandeur des conceptions, par la variété des œuvres et par la puissance d'observation. Le goût de Shakespeare n'est pas toujours pur, les plaisanteries sont parfois grossières et *sentent la taverne*. C'est un peu le défaut de son temps; mais les admirables beautés de son théâtre sont bien à lui; et, pour les mieux sentir, il faudrait connaître les écrivains dramatiques anglais qui l'ont précédé et ceux qui l'ont suivi.

Ses principales pièces sont : *Roméo et Juliette*, *Hamlet*, *Macbeth*, *Jules César*, *Othello*, etc.

LA TACHE DE SANG.

La scène se passe dans un appartement du château. Lady Macbeth est malade de remords. Son médecin et sa femme de chambre, qui ignorent son crime (l'assassinat de Banco), parlent du mal étrange qui la consume.

LE MÉDECIN.

Voilà deux nuits que je veille avec vous; mais je ne vois pas que la vérité de votre rapport se confirme. Quelle est la dernière fois où elle s'est promenée dans son sommeil?

LA FEMME DE CHAMBRE.

Depuis que Sa Majesté[1] est *entrée en campagne*, je l'ai vue chaque nuit sortir de son lit, jeter sur elle sa robe, ouvrir son cabi-

1. Le mari le lady Macbeth, devenu roi par l'assassinat de Banquo.

net, prendre du papier, le plier, écrire dessus, le lire, puis le cacheter et se remettre au lit : et tout cela dans le sommeil le plus profond.

LE MÉDECIN.

Voilà qui annonce une grande perturbation dans les fonctions vitales! Goûter le bienfait du sommeil, et agir comme une personne éveillée! Pendant ce *somnambulisme*, outre la marche et les actes que vous signalez, que lui avez-vous entendu dire?

LA FEMME DE CHAMBRE.

Des choses, seigneur, que je ne veux pas répéter après elle.

LE MÉDECIN

Vous pouvez me les dire à moi; vous le devez même.

LA FEMME DE CHAMBRE.

Je ne le dirai ni à vous, ni à personne, n'ayant aucun témoin qui puisse confirmer mon récit.

(*Entre Lady Macbeth, tenant à la main un flambeau qu'elle pose sur une table*).

LA FEMME DE CHAMBRE.

Tenez ! la voilà qui vient ! c'est bien là sa manière ; et sur ma vie, elle est profondément endormie.

LE MÉDECIN.

Comment s'est-elle procuré ce flambeau.

LA FEMME DE CHAMBRE.

Elle l'avait près d'elle : elle a toujours de la lumière, c'est son ordre exprès.

LE MÉDECIN.

Vous voyez, ces yeux sont ouverts.

LA FEMME DE CHAMBRE.

Oui, mais le sens de la vue n'y est pas.

LE MÉDECIN.

Que fait-elle maintenant? Voyez comme elle se frotte les mains.

LA FEMME DE CHAMBRE.

C'est une habitude qu'elle a d'imiter l'action d'une personne qui se lave les mains :

je le lui ai vu faire pendant un quart d'heure de suite.

LADY MACBETH.

Quoi! toujours cette tache!

LE MÉDECIN.

Écoutez, elle parle; je vais écrire ce qu'elle dira pour mieux fixer mes souvenirs.

LADY MACBETH.

Va-t'en, tache maudite! va-t'en, te dis-je! — une, deux; il est temps : — il fait noir en enfer! — Fi donc, mon époux! fi donc! Un guerrier avoir peur? Que nous importe qu'on le sache quand nous serons tout-puissants et que personne ne pourra nous demander des comptes? — Mais qui eût pu croire qu'il y avait tant de sang dans ce vieillard?

LE MÉDECIN.

Entendez-vous cela?

LADY MACBETH.

Ne pourrai-je jamais nettoyer ces mains?

— En voilà assez, seigneur, en voilà assez; vous gâtez tout avec vos terreurs.

LE MÉDECIN.

Allons, allons; elle en sait plus qu'elle n'en devrait savoir.

LA FEMME DE CHAMBRE.

Elle a dit ce qu'elle n'aurait pas dû dire, j'en suis sûre. Quant à ce qu'elle sait, c'est le secret du ciel.

LADY MACBETH.

Toujours l'odeur du sang; toute petite qu'est cette main, tous les *parfums de l'Arabie* ne pourront pas la *désinfecter*! Oh! oh! oh!

LE MÉDECIN.

Quel soupir! un poids cruel pèse sur ce cœur.

LA FEMME DE CHAMBRE.

Je ne voudrais pas, pour toutes les grandeurs de sa royale personne, avoir dans mon sein un cœur comme celui-là.

LE MÉDECIN.

Bien, bien, bien. —

LA FEMME DE CHAMBRE.

Priez Dieu que tout soit bien, seigneur.

LE MÉDECIN.

Cette maladie est au-dessus des ressources de mon art; cependant, j'ai connu des somnambules qui sont morts saintement dans leur lit.

LADY MACBETH.

Lave tes mains, mets ta robe de chambre; ne sois point si pâle; je te le répète, Banquo est enterré; il ne peut point sortir de sa tombe.

LE MÉDECIN.

Eh quoi!

LADY MACBETH.

Au lit, au lit; on frappe à la porte; viens, viens, viens, viens; ce qui est fait ne peut être défait; au lit, au lit, au lit!

(*Lady Macbeth reprend son flambeau, et sort.*)

LE MÉDECIN.

Retourne-t-elle maintenant à son lit?

LA FEMME DE CHAMBRE.

Oui, tout droit.

LE MÉDECIN.

D'horribles révélations se font jour : des actes dénaturés engendrent des désordres contre nature. Les *consciences malades* confient leurs secrets à leurs sourds oreillers, elle a plus besoin du prêtre que du médecin : — Dieu, Dieu nous pardonne à tous! Veillez sur elle, mettez hors de sa portée tous les objets dont elle pourrait faire usage contre elle-même, et ne la perdez pas de vue. — Sur ce, bonne nuit. Elle a confondu mon esprit, épouvanté mes yeux : je pense mais je n'ose parler.

LA FEMME DE CHAMBRE.

Bonne nuit, docteur. (*Ils sortent.*)

XLIX

Cervantès.

Cervantès Saavedra, né en 1547, dans la Nouvelle-Castille, mort en 1616, le même jour que Shakespeare, est le plus grand écrivain de l'Espagne. Sa vie fut très-agitée. Après avoir été *enseigne* à Lépante, esclave à Alger, soldat en Portugal, il se maria et composa des pastorales et un grand nombre de nouvelles et de pièces de théâtre. Son chef-d'œuvre, l'*admirable don Quichotte de la Manche*, parut vers 1600. C'est une fine et charmante critique de la chevalerie, mise en scène dans une sorte de drame *à cent actes divers*. Don Quichotte et Sancho Pança en sont les deux héros; ils représentent l'éternelle opposition de l'idéal et de la réalité, de l'imagination et du bon sens.

ENTRÉE DE SANCHO DANS SON ILE : SON ADMIRABLE JUSTICE.

On dit à Sancho que l'île se nommait Barataria, parce que le lieu s'appelle Barata-rio, ou à cause du peu que lui en coûtait le gouvernement. *Barato* signifie *bon marché.* Dès qu'il fut arrivé aux portes de la ville, qui était fermée de bonnes murailles, les habitants vinrent le recevoir sous les armes, au son des cloches de la paroisse, et témoignant une satisfaction et une allégresse générales. On l'enleva en pompe comme un corps saint et on l'emporta à l'église *cathédrale* du village, où après avoir chanté le *Te Deum*, on lui présenta les clefs de la ville avec des cérémonies dignes du sujet et de Sancho Pança; enfin, on le reçut pour gouverneur perpétuel de l'île de Barataria, et tous lui prêtèrent le serment de fidélité. L'air, la mine, la barbe épaisse, la taille grosse et raccourcie et l'équipage du nouveau seigneur surprirent tous ceux qui ne savaient rien de l'affaire, et ceux mêmes qui en avaient entendu parler ne furent guère moins surpris que les autres. Au sortir de l'église, on le mena au lieu où se rend la justice, et après qu'il se fut installé comme juge souverain, l'*intendant* du duc lui dit : « Monseigneur, une coutume ancienne exige que le gouverneur qui vient prendre possession de l'île réponde à une question difficile qui lui est soumise pour éprouver la perspicacité de son jugement : par sa réponse le peuple juge s'il y a lieu de se réjouir ou de s'affliger de sa venue. »

Pendant que l'intendant parlait, Sancho s'amusait à considérer quelque chose qu'on avait écrit en grosses lettres sur la muraille, vis-à-vis de son tribunal ; et comme il ne savait pas lire, il demanda ce que voulaient dire ces caractères tracés sur la muraille.

« Monseigneur, lui répondit-on, on a

marqué là le jour où vous êtes venu prendre possession de cette île. Voici ce que contient l'inscription : *Aujourd'hui, tel jour, à un tel mois de telle année, le seigneur don Sancho Pança a pris possession de cette île : puisse-t-il en jouir pendant de longues années en toute prospérité.*

— Et qui est celui qu'on appelle don Sancho Pança ? demanda Sancho.

— C'est Votre Seigneurie, monseigneur, répondit l'intendant, et jamais d'autre Pança n'a occupé la place où vous êtes.

— Eh bien! je vous avertis, mon ami, dit Sancho, que je ne prends point le *don*, et qui que ce soit de ma race ne l'a jamais pris. Je m'appelle Sancho Pança tout court, sans *don* ni seigneurie. Je suis convaincu qu'il y a dans cette île autant de *dons* que de pierres ; mais patience. Dieu m'entend, et si ce gouvernement me dure seulement quatre jours, je prétends dissiper tous ces *dons* comme autant de mouches importunes. Pour l'heure, qu'on m'adresse telle question qu'on voudra, monsieur l'intendant, et je répondrai le mieux qu'il me sera possible, sans me soucier que le peuple s'en réjouisse ou s'en attriste. »

Au même instant, entrèrent deux hommes dans l'audience, l'un vêtu en paysan, et l'autre qu'on reconnut pour tailleur d'habits aux ciseaux qu'il tenait à la main.

« Monseigneur le gouverneur, dit le tailleur, nous nous présentons, le laboureur et moi, devant Votre Seigneurie pour le fait que voici : Ce bonhomme vient hier à ma boutique, car, sauf votre respect et celui de la compagnie, je suis maître tailleur juré, puisqu'il plaît à Dieu; et, me mettant un morceau de drap entre les mains, il me dit : « Monsieur, y aurait-il là assez d'étoffe pour « faire un capuchon? » Je considérai le drap et lui répondis que oui. Il s'imaginait, à ce que je puis croire, et probablement je ne me trompe point, que j'avais peut-être quelque envie de lui dérober une partie de son drap, fondé sur sa malice et sur la mauvaise opinion qu'on a des tailleurs, et il me dit que je regardasse s'il n'y avait point de quoi en faire deux. Je vis bien la pensée du vieillard, et je lui répondis que oui ; et lui, suivant toujours sa pensée, me demanda si on n'en pourrait point faire davantage ; je dis toujours que oui ; et enfin nous convînmes que je lui en ferais cinq ; et, à cette heure, que la besogne est faite, et que je lui en demande la *façon*, lui-même me demande que je lui paye son drap ou que je le lui rende.

— Tout cela est-il ainsi, bonhomme? demanda Sancho.

— Oui, monseigneur, répondit le paysan, mais ordonnez, je vous prie, qu'il vous montre les capuchons qu'il m'a faits.

— Oh! de bon cœur, » repartit le tailleur.

Il tira aussitôt la main qu'il avait cachée dessous son manteau, et fit voir cinq petits capuchons au bout de ses cinq doigts, en disant :

« Voici les capuchons que le bonhomme m'a demandés, et sur mon âme et conscience, si je n'y ai employé toute l'étoffe, qu'on le fasse voir aux experts ! »

Tout le monde se mit à rire en voyant ce nombre de capuchons, aussi bien que de la nouveauté du procès. Pour Sancho, il fut quelque temps à rêver. Il dit ensuite :

« Il me semble que ce procès-là ne mérite pas qu'on l'examine longtemps ; *il ne faut pas tant de façons :* j'ordonne donc que le paysan perde son drap, et le tailleur sa façon, et que les capuchons soient livrés aux prisonniers ; et qu'on ne me réplique pas davantage ! »

Tous les assistants rirent de la *sentence*, et elle fut exécutée.

Parurent ensuite deux vieillards, dont l'un avait une grosse canne à la main, sur laquelle il s'appuyait, et l'autre dit à Sancho :

« Monseigneur, il y a quelque temps que je prêtai dix écus d'or à cet homme en son besoin, à condition qu'il me les rendrait aussitôt que je les lui réclamerais. Il s'est passé plusieurs jours sans que je les aie demandés pour ne pas le mettre dans l'embarras ; comme j'ai vu qu'il ne songeait point à me payer, je lui ai demandé mon argent plusieurs fois, et non-seulement il ne me paie pas, mais il nie la dette et dit que je ne lui ai rien prêté, ou que, si je l'ai fait, il me l'a rendu. Je n'ai point de témoins du prêt et il n'en a point du payement, et je vous prie, monseigneur, *d'exiger de lui le serment*, je l'en croirai sur sa parole ; et s'il jure, je les lui donne de bon cœur dès à présent et devant Dieu.

— Que répondez-vous à cela, bonhomme, dit Sancho.

— Monseigneur, répondit le vieillard, je confesse qu'il m'a prêté les dix écus d'or, et, puisqu'il s'en rapporte à mon serment, e suis près à jurer que je les lui ai bien et *oyalement* rendus. »

Le gouverneur lui ordonna de lever la nain, et le vieillard, donnant sa canne à 'autre comme s'il en eût été embarrassé, nit la main sur la croix, comme c'est la couume d'Espagne, et dit :

« J'avoue que j'ai reçu les dix écus d'or; nais je jure que je les ai remis entre les nains de ce bonhomme, et c'est parce qu'il ie s'en souvient pas qu'il me les redemande le temps en temps. »

Le gouverneur demanda au créancier 'il avait quelque chose à répondre à son dversaire, et il répondit que, puisqu'il urait, il fallait qu'il dît la vérité, qu'il le reonnaissait d'ailleurs pour un homme de ien et bon chrétien, quoique assurément l ne se souvînt point d'avoir été payé; mais ue dorénavant il ne lui demanderait plus ien. Le débiteur reprit son bâton et sortit romptement de *l'audience*.

Sancho, remarquant que cet homm s'en allait sans rien dire et admirant l patience du demandeur, fit quelques re flexions en lui-même, et, tout d'un coup se mordant le bout du doigt, il or donna qu'on appelât vite le vieillard qu partait. On le ramena aussitôt. Dès qu'i parut :

« Donnez-moi un peu votre canne, lui di Sancho, j'en ai besoin.

— La voilà, monseigneur, répondit l vieillard. »

Sancho la prit et, la donnant à l'autr vieillard :

« Allez, bonhomme, lui dit-il, vous ête payé maintenant.

— Qui? moi! monseigneur, répondit le pauvre homme; cette canne vaut-elle donc dix écus d'or?

— Oui, oui, répéta le gouverneur, elle les vaut ou je suis le plus grand sot qui vive, et on verra tout à l'heure *si je m'entends* en fait de gouvernement. Qu'on coupe la canne,» ajouta-t-il.

La canne fut rompue et il en sortit en même temps dix écus d'or. Il n'y eut pas un des assistants qui ne regardât M. le gouverneur comme un nouveau Salomon : et on lui demanda comment il avait connu que les écus d'or étaient dans la canne.

« C'est, dit-il, pour avoir remarqué que celui qui la portait l'avait mise sans nécessité entre les mains de son créancier pendant qu'il jurait, et qu'il l'avait reprise aussitôt. »

Cette circonstance avait fait penser à Sancho que le débiteur n'aurait pas juré si affirmativement une chose que l'autre déniait, s'il n'avait ainsi été assuré de son affaire; qu'il fallait aussi croire que les juges, tout ignorants qu'ils puissent être, sont guidés par la main de Dieu, outre qu'il avait entendu raconter autrefois à son curé un trait semblable et qu'il avait la mémoire si bonne, que, s'il n'oubliait point quelquefois les choses, il n'en perdrait jamais une. »

Les vieillards s'en allèrent, l'un satisfait et l'autre confus ; et celui qui était chargé d'écrire les paroles et les faits de Sancho ne savait plus, après l'avoir bien examiné, s'il en devait parler comme d'un fou ou comme d'un homme sage.

L

A mon habit.

Ah ! mon habit que je vous remercie !
Que je *valus* hier, grâce à votre valeur !
Je me connais, et plus je m'apprécie,
Plus j'entrevois qu'il faut que mon tailleur,
Par une secrète *magie*,
Ait caché dans vos plis un *talisman* vainqueur,
Capable de gagner et l'esprit et le cœur.
Dans ce *cercle nombreux* de *bonne compagnie*,

Quels honneurs je reçus ! quels égards ! quel accueil !
Auprès de la maîtresse, et dans un grand fauteuil,
Je ne vis que des yeux toujours prêts à sourire.
J'eus le droit d'y parler et *parler sans rien dire.*
Ce que je décidai fut le *nec plus ultra*;
On applaudit à tout, j'avais tant de génie !
Ah ! mon habit que je vous remercie !
C'est vous qui me valez cela.
Mais ma surprise fut extrême :
Je m'aperçus que sur moi-même
Le *charme* sans doute opérait.
J'entrais jadis d'un air discret ;
Ensuite, suspendu sur le bord de ma chaise,
J'écoutais en silence, et ne me permettais
Le moindre *si*, le moindre *mais*.
Avec moi, tout le monde était fort à son aise,
Et moi je ne l'étais jamais :
Un rien aurait pu me confondre ;
Un regard, tout m'était fatal,
Je ne parlais que pour répondre,
Je parlais bas, je parlais mal.
Un sot provincial, arrivé par le coche,
Eût été moins que moi tourmenté dans sa peau ;
Je me mouchais presqu'au bord de ma poche,

J'éternuais dans mon chapeau :
On pouvait me priver, sans aucune indécence,
De ce salut par l'usage introduit :
Il n'en coûtait de révérence
Qu'à quelqu'un trompé par le bruit.
Mais à présent, mon cher habit,
Tout est de mon ressort, les airs, la suffisance ;
Et ces tons décidés qu'on prend pour de l'aisance
Deviennent mes tons favoris.
Est-ce ma faute à moi puisqu'ils sont applaudis ?
Dieu ! quel bonheur pour moi, pour cette étoffe,
De ne point habiter ce pays limitrophe
Des conquêtes de notre roi :
Dans la Hollande il est une autre loi :
En vain j'étalerais ce galon qu'on renomme,
En vain j'exalterais sa valeur, son débit :
Ici l'habit fait valoir l'homme ;
Là l'homme fait valoir l'habit. [l'esprit
Mais chez nous, peuple aimable, où les grâces,
Brillent à présent dans leur force,
L'arbre n'est point jugé sur ses fleurs, sur son fruit :
On le juge sur son écorce.

LI

La mort de Jeanne d'Arc.

Le bûcher était dressé sur un massif de plâtre. Lorsqu'on y fit monter Jeanne, on plaça sur sa tête une mitre où étaient écrits ces mots : *Hérétique, relapse, apostate, idolâtre.* Frère Martin l'Advenu, son confesseur, était monté sur le bûcher avec elle; il y était encore quand le bourreau alluma le feu : « Jésus! » s'écria Jeanne; et elle fit descendre le bon prêtre. « Tenez-vous en bas, dit-elle, levez la croix devant moi, que je la voie en mourant, et dites-moi de pieuses paroles jusqu'à la fin. » Elle assura encore que les *voix* venaient de Dieu, qu'elle ne croyait pas avoir été trompée et qu'elle n'avait rien fait que par ordre de Dieu. Ainsi, protestant de son innocence et se recommandant au ciel, on l'entendit encore prier à travers la flamme ; le dernier mot qu'on put distinguer fut : « Jésus ! »

Il n'y avait pas d'hommes assez durs pour retenir leurs larmes ; tous les Anglais, sauf quelques gens de guerre qui continuaient à rire, étaient attendris : les Français murmuraient que cette mort était cruelle et injuste. « Elle meurt martyre pour son vrai Seigneur ; ah ! nous sommes perdus ; on a brûlé une sainte ! — Plût à Dieu que mon âme fût où est la sienne ! » Tels étaient les discours qu'on tenait. Un autre avait vu le nom de Jésus écrit en lettres de flamme au-dessus du bûcher. Mais ce qui fut plus merveilleux, c'est ce qui advint à un homme d'armes anglais : il avait juré de porter un fagot de sa propre main au bûcher ; quand il s'approcha pour faire ce qu'il avait dit, entendant la voix étouffée de Jeanne qui criait : « Jésus ! » le cœur lui manqua, et on le porta en défaillance à la première taverne. Dès le soir, il alla trouver frère Isambart, se confessa à lui, et dit qu'il se repentait d'avoir tant haï la Pucelle, qu'il la tenait pour sainte femme, et qu'il avait vu son âme s'envoler des flammes vers le ciel sous la forme d'une blanche colombe. Le bourreau vint aussi se confesser le jour même, craignant de ne jamais obtenir son pardon de Dieu.

Il demeura établi dans les esprits, en France, et dans les pays chrétiens, que les Anglais avaient cruellement mis à mort cette pauvre fille par basse vengeance, par colère de leurs défaites, et en mettant leur volonté à la place de la justice.

LII

L'amour fraternel.

En ce temps-là il n'y avait pas de forgerons par toute la terre ; et les marchands de Madian passaient avec leurs chameaux, portant des épices, de la *myrrhe*, du *baume* et des outils de fer.

Ruben acheta une hache à ces marchands; il la paya cher, car il n'y en avait pas une dans la maison de son père. Alors Siméon dit à Ruben, son frère : « Prête-moi, je te prie, ta hache. » Mais Ruben ne voulut pas.

Lévi lui dit aussi : « Mon frère, prête-moi ta hache, je te prie. » Et Ruben le refusa de même.

Juda vint trouver Ruben, et le supplia en disant : « Voyons ! tu m'aimes et je t'ai toujours aimé; ne me refuse pas de me servir de ta hache. »

Mais Ruben se détourna de lui, et le refusa comme les autres.

Or, il arriva que Ruben tailla du bois sur le bord de la rivière et que sa hache tomba dans l'eau et qu'il ne put venir à bout de la retrouver.

Mais Siméon, Lévi et Juda envoyèrent un messager avec de l'argent chez les Ismaélites, et achetèrent chacun une hache.

Alors Ruben vint à Siméon et lui dit : « J'ai perdu ma hache, et mon ouvrage reste à moitié fait; prête-moi la tienne, je te prie. »

Siméon lui répondit: « Tu n'as pas voulu me prêter ta hache, ainsi je ne te prêterai pas la mienne. »

Alors Ruben vint trouver Lévi, et lui dit: « Mon frère, tu connais la perte que j'ai faite et mon embarras ; prête-moi ta hache, je te prie. »

Lévi lui fit des reproches en disant : « Tu n'as pas voulu me prêter ta hache lorsque j'en ai eu envie ; mais je veux être meilleur que toi et je te prêterai la mienne. »

Ruben fut *blessé de la réprimande* de Lévi, et, tout confus, il le quitta et ne prit pas sa hache ; mais il chercha son frère Juda.

Et, lorsqu'il fut venu auprès de Juda, celui-ci vit à son air qu'il était plein de mécontentement et de honte, et il le prévint en lui disant : « Mon frère, je sais ce que tu as perdu ; mais pourquoi te troubler? Voyons, n'ai-je pas une hache qui peut nous servir à tous les deux? Prends-la, je te prie, et uses-en comme de la tienne. »

Ruben se jeta à son cou, et l'embrassa en pleurant, et lui dit : « Ta complaisance est grande ; ta bonté à oublier mes torts est encore plus grande ; tu es vraiment mon frère, et tu peux compter que je t'aimerai tant que je vivrai. »

Et Juda lui dit : « Aimons aussi nos autres

frères, ne sommes-nous donc pas tous du même sang? »

Or, Joseph vit ces choses et les rapporta à son père Jacob.

Et Jacob dit: « Ruben a mal fait; mais il s'est repenti. Siméon aussi a mal fait; Lévi n'a pas été tout à fait exempt de reproches. »

« Mais *le cœur de Juda est celui d'un prince.* Juda a *l'âme d'un roi.* Ses enfants se prosterneront devant lui, et il régnera sur ses frères. »

LIII

La leçon du parasite.

Je demandai à souper (*c'est le héros de l'histoire qui parle*[1]) dès que je fus à l'hôtellerie.

1. Pour comprendre cette scène, il suffit de savoir que Gil Blas n'a que dix-sept ans, qu'il fait son premier voyage, et qu'il a une haute idée de sa science d'écolier.

C'était un jour maigre : on m'accommoda des œufs. Lorsque l'omelette qu'on me faisait fut en état d'être servie, je m'assis tout seul à une table. Je n'avais pas encore mangé le premier morceau, que l'hôte entra, suivi de l'homme qui l'avait arrêté dans la rue. Ce *cavalier* portait une longue *rapière*, et pouvait bien avoir trente ans. Il s'approcha de moi d'un air empressé. « Seigneur écolier, me dit-il, je viens d'apprendre que vous êtes le seigneur Gil Blas de Santillane, l'ornement d'Oviédo et le flambeau de la philosophie. Est-il bien possible que vous soyez ce savant infini, ce bel esprit dont la réputation est si grande en ce pays-ci ?

« Vous ne savez pas, continua-t-il en s'adressant à l'hôte et à l'hôtesse, vous ne savez pas ce que vous possédez : vous avez un trésor dans votre maison. Vous voyez dans ce jeune *gentilhomme* la *huitième merveille* du monde. » Puis se tournant de mon côté en me jetant les bras au cou : « Excusez mes transports, ajouta-t-il ; je ne suis pas maître de la joie que votre présence me cause. »

Je ne pus lui répondre sur-le-champ, parce qu'il me tenait si pressé que je n'avais pas la respiration libre ; et ce ne fut qu'après que j'eus la tête dégagée de l'embrassade que je lui dis : « Seigneur cavalier, je ne croyais pas mon nom connu à Pénaflor.

—Comment, connu? reprit-il sur le même ton ; nous tenons registre de tous les grands personnages qui sont à vingt lieues à la ronde. Vous passez ici pour un prodige ; et je ne doute pas que l'Espagne ne se trouve un jour aussi vaine de vous avoir produit, que la Grèce d'avoir vu naître les sept sage . »

Ces paroles furent suivies d'une nouvelle accolade qu'il me fallut encore essuyer. Pour peu que j'eusse eu d'expérience, je n'aurais pas été la dupe de ces *démonstrations* ni de ces hypocrisies ; j'aurais bien connu à ces flatteries *outrées* que c'était un de ces *para-*

sites que l'on trouve dans toutes les villes, et qui, dès qu'un étranger arrive, s'introduisent auprès de lui pour remplir leur ventre à ses dépens; mais ma vanité et ma jeunesse m'en firent juger tout autrement. Mon admirateur me parut un fort honnête homme, et je l'invitai à souper avec moi.

« Ah ! très-volontiers, s'écria-t-il; je sais trop bon gré à *mon étoile* de m'avoir fait rencontrer l'illustre Gil Blas de Santillane, pour ne pas jouir de ma bonne fortune le plus longtemps que je pourrai. Je n'ai pas grand appétit; je vais me mettre à table pour vous tenir compagnie seulement, et je mangerai quelques morceaux par complaisance. »

En parlant ainsi, mon *panégyriste* s'assit vis-à-vis de moi. On lui apporta un couvert. Il se jeta d'abord sur l'omelette avec tant d'avidité, qu'il semblait n'avoir mangé de trois jours. A l'air complaisant dont il s'y prenait, je vis bien qu'elle serait bientôt expédiée. J'en ordonnai une seconde qui fut faite si promptement, qu'on nous la servit comme nous achevions, ou plutôt comme il achevait de manger la première. Il y procédait pourtant d'une manière toujours égale, et trouvait moyen, sans perdre un coup de dent, de me donner louange sur louange, ce qui me rendait fort content de ma petite personne.

Il buvait aussi souvent : tantôt, c'était à ma santé, et tantôt à celle de mon père et de ma mère, dont il ne pouvait assez vanter le bonheur d'avoir un fils tel que moi. En même temps, il versait du vin dans mon verre et m'excitait à lui *faire raison*.

Je ne répondais point mal aux santés qu'il me portait, ce qui, avec ses flatteries, me mit insensiblement de si belle humeur, que, voyant notre seconde omelette à moitié mangée, je demandai à l'hôte s'il n'avait pas de poisson à nous donner. L'hôte qui, selon toutes les apparences, *s'entendait* avec le parasite, me répondit : « J'ai une truite excellente, mais elle coûtera cher à ceux qui la mangeront : c'est un morceau trop friand pour vous. — Qu'appelez-vous trop friand ? dit alors mon flatteur d'un ton de voix élevé : vous n'y pensez pas, mon ami : apprenez que vous n'avez rien de trop bon pour le seigneur Gil Blas de Santillane, qui mérite d'être traité comme un prince. »

Je fus bien aise qu'il eût *relevé* ces dernières paroles de l'hôte, et il ne fit en cela que me prévenir. Je m'en sentais offensé, et je dis fièrement : « Apportez-nous votre truite et ne vous embarrassez pas du reste. »

L'hôte, qui ne demandait pas mieux, se mit à l'apprêter, et ne tarda guère à nous la servir.

A la vue de ce nouveau plat, je vis briller une grande joie dans les yeux du parasite, qui fit paraître une nouvelle complaisance, c'est-à-dire qu'il *donna* sur le poisson comme il avait donné sur les œufs. Il fut pourtant obligé *de se rendre*, crainte d'accident ; car il en avait jusqu'à la gorge. Enfin, après avoir mangé et bu tout son soûl, il voulut finir la comédie.

« Seigneur Gil Blas, me dit-il en se levant de table, je suis trop content de la bonne chère que vous m'avez faite, pour vous quitter sans vous donner un avis important, dont vous paraissez avoir besoin. Soyez désormais en garde contre les louanges. Défiez-vous des gens que vous ne connaissez point. Vous en pourrez rencontrer d'autres qui voudront, comme moi, se divertir de votre crédulité, et peut-être pousser les choses encore plus loin : n'en soyez point dupe, et ne vous croyez point, sur leur parole, la huitième merveille du monde. » En achevant ces mots, il me rit au nez, et s'en alla.

LIV

Les nouvellistes.

Il y a une certaine nation qu'on appelle les nouvellistes, qui s'assemblent dans un jardin magnifique où leur oisiveté est toujours occupée. Ils sont très-inutiles à l'État, et leurs discours de cinquante ans n'ont pas un effet différent de celui qu'aurait produit un silence aussi long. Cependant ils se croient *considérables*, parce qu'ils s'entretiennent de projets magnifiques et traitent de grands intérêts.

La base de leurs conversations est une curiosité frivole et ridicule : il n'y a point de *cabinet* si mystérieux qu'ils ne prétendent pénétrer : ils ne sauraient consentir à ignorer quelque chose.

A peine ont-ils épuisé le présent, qu'ils

se précipitent dans l'avenir; et, marchant au-devant de la Providence, ils la préviennent sur toutes les démarches des hommes. Ils conduisent un général par la main; et, après l'avoir loué de mille sottises qu'il n'a pas faites, ils lui en préparent mille autres qu'il ne fera pas.

Ils font voler les armées comme les grues, et tomber les murailles comme des cartons; ils ont des ponts sur toutes les rivières, des routes secrètes dans toutes les montagnes, des magasins immenses dans les sables brûlants : il ne leur manque que le bon sens.

LV

Malherbe.

François de Malherbe (né à Caen, vers 1555, mort en 1628) est remarquable non-seulement comme poëte, mais encore comme créateur de la langue poétique. Il épura le goût, enseigna l'art d'écrire avec noblesse et donna lui-même le précepte et l'exemple. On remarque dans ses vers de la force, d'heureuses images, un vif sentiment de l'harmonie.

Malherbe fut appelé à la cour par le roi Henri IV; mais, quoi qu'on en ait dit, il ne fut pas courtisan : il vécut et mourut pauvre.

CONSOLATION A DU PERRIER.

Ta douleur, du Perrier, sera donc éternelle?
Et les tristes discours
Que te met en l'esprit l'amitié paternelle
L'augmenteront toujours?

Le malheur de ta fille au tombeau descendue
Par un commun trépas,
Est-ce quelque *dédale*, où ta raison perdue
Ne se retrouve pas?

Je sais de quels appas son enfance était pleine,
Et n'ai pas entrepris,

Injurieux ami, de soulager ta peine
Avecque son mépris.

Mais elle était du monde, où les plus belles choses
Ont le pire destin,
Et rose elle a vécu ce que vivent les roses
L'espace d'un matin.

La mort a des rigueurs à nulle autre pareilles :
On a beau la prier ;
La cruelle qu'elle est se bouche les oreilles,
Et vous laisse crier.

Le pauvre en sa cabane, où le chaume le couvre,
Est sujet à ses lois ;
Et la garde qui veille aux barrières du *Louvre*
N'en défend pas nos rois.

De murmurer contre elle et perdre patience
Il est mal à propos ;
Vouloir ce que Dieu veut est la seule science
Qui nous met en repos.

LVI

Avantages des caisses d'épargne.

Les caisses d'épargne sont une institution d'utilité publique destinées à recevoir les plus petites économies et à les faire fructifier. Les sommes déposées dans ces caisses sont immédiatement versées au Trésor public, et l'État devient débiteur de ces sommes, ainsi que des *intérêts* dont elles sont productives.

Pour un ouvrier, le *placement* aux caisses d'épargne est (avec le placement à la caisse des retraites) presque le seul possible, et il est en même temps plus avantageux que tout autre. M. de Lamartine explique en ces termes la préférence que mérite sur tout autre mode de placement le capital qui se forme par l'accumulation de ces *dépôts* successifs.

« A la classe ouvrière, il faut un *capital* dont la rente soit fixe et certaine et puisse s'accumuler à son profit sans soins et sans surveillance de sa part; un capital qui, quelque minime qu'il soit, ne reste jamais inactif, jamais stérile entre ses mains; un capital qui, tout en leur produisant une *rente* fixe et invariable, puisse rentrer au premier signe, au premier besoin, au premier appel d'une nécessité quelconque, chaque mois, chaque semaine, chaque jour; un capital enfin qu'il ne soit pas nécessaire d'accumuler et de grossir avant de le placer, mais qui se place à mesure qu'il se gagne, qu'il s'épargne, et, pour ainsi dire, goutte à goutte, pour former insensiblement à son possesseur un trésor en réserve, où il aille puiser selon ses nécessités. Aucun autre mode de placement ne peut s'adapter aussi bien à la situation sociale de l'ouvrier. Une maladie, une cessation de salaire, un enchérissement de denrées, un accroissement de famille, l'acquisition d'outils ou de métiers, un mariage, un mobilier à créer. Tous ces événements de la vie peuvent le mettre dans le cas de recourir à chaque instant à son capital et de le retirer en tout ou en partie. La terre, le commerce, les *prêts sur hypothèques* ne remplissent pas pour lui ces conditions, parce qu'une fois placé ainsi, son capital ne serait plus disponible ; et à l'heure du besoin, il serait obligé de recourir lui-même à des *emprunts onéreux.*

« Vous donc, ô ouvriers ! laboureurs, vignerons, vous tous qui vivez d'un salaire annuel ou quotidien, apportez chaque semaine, chaque mois, quelques centimes, quelques francs à la caisse productive ouverte pour vous, et vous aurez le fruit de votre prévoyance et de votre travail, toujours prêt à rentrer dans vos mains, grossi par le temps et accumulé par l'intérêt, et vous viendrez à l'heure du besoin puiser dans le trésor que vous vous serez préparé; il vous rendra toujours plus que vous ne lui aurez confié. »

Voici, en peu de mots, les *règlements* de la caisse d'épargne de Paris : ceux des caisses des départements y sont entièrement conformes.

CONDITIONS DES PLACEMENTS AUX CAISSES D'ÉPARGNE.

Il est délivré gratuitement, à tout déposant qui verse pour la première fois à la caisse d'épargne une somme quelconque, un livret numéroté, portant les nom et prénoms du titulaire, et destiné à l'inscription de toutes les sommes qui restent successivement versées ou retirées pour son compte. Chaque *versement* est certifié sur ce livret par la signature du caissier et de l'un des directeurs ou administrateurs.

Aucun déposant ne peut être titulaire de plus d'un livret en son nom personnel dans la même caisse ou dans des caisses différentes. Tout contrevenant à cette disposition est remboursé immédiatement sans aucune bonification d'intérêt, et ne peut plus avoir de compte à aucune caisse d'épargne.

Lorsqu'on opère le premier versement, on doit signer sur un registre spécial, et donner exactement par écrit ses nom, prénoms, âge, profession et demeure, afin que la propriété soit clairement établie. On peut aussi se faire représenter par un *mandataire* porteur d'une autorisation imprimée et signée.

Le titulaire d'un livret sur lequel a été effectué un premier versement peut faire opérer par une personne quelconque les versements ultérieurs en lui confiant son livret.

Aucun versement ne peut être moindre de un franc ni comprendre des fractions de franc. Aucun versement ne peut excéder trois cents francs à la fois. On ne peut faire plus d'un versement par semaine.

Toutes les sommes reçues par la Caisse d'épargne sont immédiatement versées par elle à la caisse des Dépôts et Consignations.

La caisse d'épargne tient compte de l'intérêt à partir du jour même du versement, jusqu'au dimanche qui précède le jour désigné pour le remboursement. Toute somme d'un franc et au-dessus produit intérêt : les fractions de franc n'en produisent pas. Les intérêts sont réglés à la fin de décembre : on les ajoute au capital, pour produire de nouveaux intérêts. Ce travail se fait dans les bureaux de la caisse d'épargne pendant les premiers mois de l'année suivante, sans interrompre le cours des opérations ordinaires, et sans que les déposants soient obligés de représenter leur livret.

L'intérêt varie de quatre et demi à trois et demi pour cent par an.

On peut se faire rembourser à volonté,

soit en totalité, soit en partie, les sommes qu'on a versées et les intérêts qu'elles ont produits. Le remboursement ou partiel ou total a lieu dans un délai qui ne peut excéder le deuxième jour après la demande. La caisse *délivre* des *procurations* imprimées pour ceux des disposants qui seraient dans l'impossibilité de se rendre eux-mêmes à la caisse pour leur remboursement.

La femme mariée a besoin de l'autorisation de son mari pour retirer les dépôts faits par elle : les enfants ne peuvent retirer les fonds placés à la caisse d'épargne en leur nom, sans l'autorisation de leur père ou de leur tuteur.

Tout déposant qui change de résidence peut demander le transport de la totalité de ses *fonds* d'une caisse d'épargne dans une autre. Ce transfert a lieu sans frais.

Les sommes données au profit des enfants avec la condition qu'elles ne pourront être retirées par eux en capital ou en intérêts qu'à l'époque de leur majorité, sont admises par la caisse d'épargne, ainsi que les sommes données au profit d'individus majeurs avec la condition qu'elles ne pourront être retirées, en capital ou en intérêts, qu'à une époque déterminée. La condition stipulée par le donateur est mentionnée sur le livret et sur les registres. Le même livret peut servir ensuite au placement des économies personnelles du titulaire, qui conserve *la libre disposition* de toutes les sommes autres que celles qui sont réservées par la condition ci-dessus indiquée.

Aucun versement n'est reçu sur un compte dont le crédit a déjà atteint mille francs, soit par le capital, soit par accumulation des intérêts.

Lorsque, par suite du règlement annuel des intérêts, un compte excède ce *maximum*, si le déposant, pendant un délai de trois mois, n'a pas réduit son *crédit* au-dessous de cette limite, l'administration de la caisse d'*épargne* achète pour son compte dix francs de rentes dans le fonds, qui, *sans dépasser le pair*, produit l'intérêt le plus élevé. Cet achat a lieu sans frais pour le déposant.

Les marins portés sur les contrôles de l'inscription maritime sont admis à déposer en un seul versement le montant de leur solde, décomptes et salaires, au moment, soit de leur embarquement, soit de leur débarquement, à quelque somme qu'il s'élève. Les achats de rente seront appliqués à ces divers dépôts pour les ramener au maximum de mille francs.

Les sociétés de secours mutuels autres que celles déclarées établissements d'utilité publique sont admises à faire des versements, mais le crédit de leurs comptes ne pourra pas excéder huit mille francs en capitaux et en intérêts. Lorsque ce maximum aura été atteint, les dispositions précédentes leur seront appliquées, et les achats de rentes effectués par l'administration de la caisse d'épargne, s'il y a lieu, seront de cent francs.

Tout déposant dont le crédit formera une somme suffisante pour acheter dix francs de rentes au moins, pourra faire opérer cet achat sans frais, par les soins de l'administration de la caisse d'épargne.

Dans le cas où le déposant ne retirerait pas les titres de rente achetés pour son compte, l'administration de la caisse d'épargne en restera dépositaire et recevra les *semestres d'intérêt* au crédit du titulaire.

LVII

Descartes.

René Descartes (né à Lahaye, en Touraine, en 1596, mort à Stockholm, en 1650) est le premier philosophe français qui ait exprimé ses idées dans notre langue. Grand écrivain et profond penseur, il est un des *précepteurs* de l'esprit humain ; il nous a appris à voir clair dans notre âme et à ne pas nous payer de mots : ses erreurs même nous ont été utiles. Ses principaux ouvrages sont : *le Discours de la Méthode* et *les Méditations.*

IL NE FAUT PAS TOUT RAPPORTER A SOI-MÊME.

Après qu'on a reconnu la bonté de Dieu, l'immortalité de nos âmes et la grandeur de l'univers, il y a encore une vérité dont la connaissance me paraît fort utile, qui est que, bien que chacun de nous soit une personne séparée des autres et dont par conséquent *les intérêts* sont en quelque façon distincts de ceux du reste du monde, on doit toutefois penser qu'on ne saurait subsister seul et qu'on est en effet l'une des parties de l'univers et plus particulièrement encore l'une des parties de cette terre, l'une des parties de cet État, de cette société, de cette famille à laquelle on est joint par sa demeure, par son serment, par sa naissance, et il faut toujours préférer les intérêts du tout dont on est partie à ceux de sa personne en particulier, toutefois avec mesure et discrétion.

Si on rapportait tout à soi-même, on ne craindrait pas de nuire beaucoup aux autres hommes lorsqu'on croirait en retirer quelque petite *commodité*, et on n'aurait aucune vraie amitié, ni aucune fidélité et généralement aucune vertu ; au lieu qu'en se considérant comme une partie du public, on prend plaisir à faire du bien à tout le monde, et même on ne craint pas d'exposer sa vie pour le service d'autrui lorsque l'occasion s'en présente. En sorte que *cette considération* est la source et l'origine de toutes les plus héroïques actions que fassent les hommes.

LVIII

Pascal.

Blaise Pascal (né à Clermont-Ferrand, en 1625, mort à Paris, en 1662) est peut-être le plus grand des prosateurs français. Le style de Pascal réunit à un haut degré les qualités les plus rares, la force, la précision, la variété, et, par-dessus tout, ce qu'on rencontre le moins dans notre littérature, le *naturel.* Point d'*esprit cherché*. Il écrit comme il pense, et il pense comme un génie supérieur.

Géomètre, *polémiste*, *apologiste* de la religion, Pascal a excellé dans les genres les plus divers.

CEUX QU'ON APPELLE LES ANCIENS SONT PLUS JEUNES QUE NOUS.

L'homme est dans l'ignorance au premier âge de sa vie ; mais il s'instruit sans cesse dans son progrès, car il tire avantage non-seulement de sa propre *expérience*, mais encore de celle de ses prédécesseurs; parce qu'il garde toujours dans sa mémoire les connaissances qu'il s'est une fois acquises, et que celles des anciens lui sont toujours présentes dans les livres qu'ils en ont laissés. Et comme il conserve ces connaissances, il peut aussi les augmenter facilement : de sorte que les hommes sont toujours en quelque sorte dans le même état où se trouveraient les anciens philosophes, s'ils pouvaient avoir vieilli jusqu'à présent, en ajoutant aux connaissances qu'ils avaient celles que leurs études auraient pu leur acquérir à la faveur de tant de siècles. De là vient que, par une *prérogative* particulière, non-seulement chacun des hommes s'avance de jour en jour dans les sciences, mais que tous les hommes ensemble y font un continuel progrès, à mesure que l'univers vieillit, parce que la même chose arrive dans *la succession* des hommes que dans les âges différents d'un particulier. De sorte que toute la suite des hommes, pendant le cours de tant de siècles, doit être considéré comme un même homme qui subsiste toujours et qui apprend continuellement : d'où l'on voit avec combien d'injustice nous respectons l'antiquité dans ses philosophes; car, comme la vieillesse est l'âge le plus distant de l'enfance, qui ne voit que la vieillesse dans cet homme universel ne doit pas être cherchée dans les temps proches de sa naissance, mais dans ceux qui en sont les plus éloignés ? Ceux que nous appelons anciens étaient véritablement nouveaux en toutes choses, et formaient l'enfance des hommes proprement; et comme nous avons joint à leurs connaissances l'expérience des siècles qui les ont suivis, c'est en nous que l'on peut trouver cette antiquité que nous révérons dans les autres.

LIX

Molière.

Jean-Baptiste Poquelin de Molière (né à Paris, en 1622, mort en 1673) est le plus grand des poëtes comiques. Il excelle dans la peinture des caractères, des mœurs et des hommes. Sa prose et ses vers sont également remarquables, malgré quelques expressions incorrectes et un peu risquées. — Ses chefs-d'œuvre sont : *le Misanthrope, les Femmes savantes, le Bourgeois gentilhomme, l'Avare*, etc.

L'AVARE QUI A PERDU SON TRÉSOR.

Au voleur ! au voleur ! à l'assassin ! au meurtrier ! Justice, juste ciel ! je suis perdu, je suis assassiné ; on m'a coupé la gorge ; on m'a dérobé mon argent ! Qui peut-ce être? qu'est-il devenu? où est-il? où se cache-t-il? que ferai-je pour le trouver? où courir? où ne pas courir? n'est-il point là? n'est-il point ici? qui est-ce? Arrète. (*A lui-même, se prenant le bras.*) Rends-moi mon argent, coquin.... Oh! c'est moi! Mon esprit est troublé et j'ignore où je suis, qui je suis et ce que je fais. Hélas! mon pauvre argent! mon pauvre argent! mon cher ami! on m'a privé de toi, et, puisque tu m'es enlevé, j'ai perdu mon *support*, ma consolation, ma joie : tout est fini pour moi et je n'ai plus que faire au monde. Sans toi, il m'est impossible de vivre. C'en est fait; je n'en puis plus : je me meurs; je suis mort; je suis enterré. N'y a-t-il personne qui veuille me *ressusciter*, en me rendant mon cher argent, ou en m'apprenant qui l'a pris? Euh! que dites-vous? ce n'est personne. Il faut, qui que ce soit qui ait fait le coup, qu'avec beaucoup de soin on ait épié l'heure; et l'on a choisi justement le temps où je parlais à mon traître de fils. Sortons. Je veux aller querir la justice et faire *donner la question* à toute ma maison : à servantes, à valets, à fils, à fille et à moi aussi. Que de gens assemblés! Je ne jette mes regards sur personne qui ne me donne des soupçons, et tout me semble mon voleur. Hé! de quoi est-ce qu'on parle là? de celui qui m'a dérobé? Quel bruit fait-on là-haut? est-ce mon voleur qui y est? de grâce, si l'on sait des nouvelles de mon voleur, je supplie que l'on m'en dise. N'est-il point caché là parmi vous? Ils me regardent tous et se mettent à rire. Vous verrez qu'ils ont part, sans doute, au vol que l'on m'a fait. Allons vite, des commissaires, des *archers*, des *prévôts*, des juges, des gênes, des potences et des bourreaux. Je veux faire pendre tout le monde; et si je ne retrouve mon argent, je me pendrai moi-même après.

LX

La Fontaine.

Jean de La Fontaine (né à Château-Thierry, en 1621, mort en 1695) s'est illustré dans un genre secondaire, ou mieux a élevé la fable au rang de la comédie. Esprit fin, délicat, habile à cacher un art profond sous des apparences de bonhomie et de naïveté, La Fontaine est un des poëtes les plus remarquables de la France. — Il y aurait beaucoup à dire sur la morale un peu terre à terre de ses fables; mais on ne peut contester qu'elles renferment d'excellents conseils.

LE LOUP ET LE CHIEN.

Un loup n'avait que les os et la peau,
Tant les chiens faisaient bonne garde :

Ce loup rencontre un dogue aussi puissant que beau,
Gras, *poli*, qui s'était *fourvoyé* par mégarde,
L'attaquer, le mettre en quartiers,
Sire loup l'eût fait volontiers;
Mais il fallait livrer bataille ;
Et le mâtin était de taille
A se défendre hardiment.
Le loup donc l'aborde humblement,
Entre en propos, et lui fait compliment
Sur son embonpoint, qu'il admire.
« Il ne tiendra qu'à vous, beau sire,
D'être aussi gras que moi, lui repartit le chien.
Quittez les bois, vous ferez bien :
Vos pareils y sont misérables,
Cancres, *hères*, et pauvres diables,
Dont la condition est de mourir de faim.
Car, quoi! rien d'assuré! point de *franche lippée!*
Tout à la pointe de l'épée!
Suivez-moi, vous aurez un bien meilleur destin. »
Le loup reprit : « Que me faudra-t-il faire?
— Presque rien, dit le chien : donner la chasse aux gens
Portant bâton, et mendiants;
Flatter ceux du logis, à son maître complaire :
Moyennant quoi votre salaire

Sera force *reliefs* de toutes les façons,
Os de poulets, os de pigeons ;
Sans parler de mainte caresse. »
Le loup déjà se forge une félicité
Qui le fait pleurer de tendresse.
Chemin faisant, il vit le col du chien pelé. [de chose.
« Qu'est-ce là ? lui dit-il. — Rien. — Quoi rien ! — Peu
— Mais encor ? — Le collier dont je suis attaché
De ce que vous voyez est peut-être la cause.
— Attaché ! dit le loup : vous ne courez donc pas
Où vous voulez ? — Pas toujours ; mais qu'importe ?
— Il importe si bien que de tous vos repas
Je ne veux en aucune sorte,
Et ne voudrais pas même à ce prix un trésor. »
Cela dit, maître loup s'enfuit et court encor.

LXI

L'Abénaki.

Pendant les dernières guerres de l'Amérique [1], une troupe de sauvages *Abénakis*

1. A la fin du dix-huitième siècle.

défit un *détachement* anglais ; les vaincus ne purent échapper à des ennemis plus légers qu'eux à la course, et acharnés à les poursuivre, ils furent traités avec une barbarie dont il y a peu d'exemples.

Un jeune officier anglais, pressé par deux sauvages qui l'abordaient la hache levée, n'espérait plus se dérober à la mort. Il songeait seulement à *vendre chèrement sa vie.* Dans le même temps, un vieux sauvage, armé d'un arc, s'approche de lui et se dispose à le percer d'une flèche : mais après l'avoir ajusté, tout d'un coup il abaisse son arc et court se jeter entre le jeune officier et les deux barbares qui allaient le massacrer ; ceux-ci se retirèrent avec respect.

Le vieillard prit l'Anglais par la main, le rassura par ses caresses, et le conduisit à sa cabane, où il le traita toujours avec une douceur qui ne se démentit jamais ; il en fit moins son esclave que son compagnon ; il lui apprit la langue des Abénakis et les arts grossiers en usage chez ces peuples. Ils vivaient fort contents l'un de l'autre. Une seule chose donnait de l'inquiétude au jeune Anglais ; quelquefois le vieillard fixait les yeux sur lui, et après l'avoir regardé, il laissait tomber des larmes.

Cependant, au retour du printemps, les sauvages reprirent les armes et se mirent en campagne.

Le vieillard, qui était encore assez robuste pour supporter les fatigues de la guerre, partit avec eux accompagné de son prisonnier. Les Abénakis firent une marche de plus de deux cents lieues à travers les forêts ; enfin ils arrivèrent à une plaine où ils découvrirent un camp d'Anglais. Le vieux sauvage le fit voir au jeune homme en observant sa *contenance*. « Voilà tes frères, lui dit-il, les voilà qui nous attendent pour nous combattre. Écoute, je t'ai sauvé la vie, je t'ai appris à faire un canot, un arc, des flèches, à surprendre l'élan dans la forêt, à manier la hache et à enlever la chevelure à l'ennemi. Qu'étais-tu lorsque je t'ai conduit dans ma cabane? tes mains étaient celles d'un enfant; elles ne servaient ni à te nourrir ni à te défendre; ton âme était dans la nuit, tu ne savais rien; tu me dois tout. Serais-tu assez ingrat pour te réunir à tes frères et pour lever la hache contre nous?» L'Anglais protesta qu'il aimerait mieux perdre mille fois la vie que de verser le sang d'un Abénaki.

Le sauvage mit les deux mains sur son visage en baissant la tête, et après avoir été quelque temps dans cette attitude, il regarda le jeune Anglais, et lui dit d'un ton mêlé de tendresse et de douleur: «As-tu un père? — Il vivait encore, dit le jeune homme, lorsque j'ai quitté ma patrie. — Oh! qu'il est malheureux!» s'écria le sauvage; et, après un moment de silence, il ajouta: «Sais-tu que j'ai été père?... Je ne le suis plus. J'ai vu mon fils tomber dans le combat; il était à mon côté, je l'ai vu mourir en homme; il était couvert de blessures, mon fils, quand il est tombé. Mais je l'ai vengé.... Oui, je l'ai vengé. » Il prononça ces mots avec force; tout son corps tremblait. Il était presque étouffé par des gémissements qu'il ne voulait pas laisser échapper. Ses yeux étaient égarés, ses larmes ne coulaient pas. Il se calma peu à peu, et, se tournant vers l'orient où le soleil allait se lever, il dit au jeune Anglais: « Vois-tu ce beau ciel resplendissant de lumière? As-tu du plaisir à le regarder? — Oui, dit l'Anglais, j'ai du plaisir à regarder ce beau ciel. — Eh bien! je n'en ai plus, » dit le sauvage en versant un torrent de larmes. Un moment après, il montra au jeune homme un manglier qui était en fleurs. « Vois-tu ce bel arbre? lui dit-il; as-tu du plaisir à le regarder? — Oui, j'ai du plaisir à le regarder. — Je n'en ai plus, » reprit le sauvage avec précipitation, et il ajouta de suite: « Pars, va dans ton pays, afin que ton père ait encore le plaisir de voir le soleil qui se lève et les fleurs du printemps. »

LXII

La Bruyère.

Jean de La Bruyère (né à Dourdan, en 1646, mort en 1696) est un de nos plus célèbres moralistes. Les *Caractères* sont la vive peinture des ridicules et des travers de l'homme. On a dit qu'il n'avait en vue que la société de son temps. Il n'en est rien : la société change, *les travers restent les mêmes*, et les portraits de La Bruyère sont toujours exacts. A ce point de vue, nous sommes ses contemporains.

LE CHARLATAN.

Carro Carri débarque avec une *recette* qu'il appelle un prompt remède, et qui quelquefois est un poison lent : c'est un bien de famille, mais amélioré en ses mains; de *spécifique* qu'il était contre la colique, il guérit de la fièvre quarte, de la pleurésie, de l'hydropisie, de l'apoplexie, de l'épilepsie. Forcez un peu votre mémoire, nommez une maladie, la première qui vous viendra en l'esprit : l'hémorrhagie, dites-vous ? il la guérit, il ne ressuscite personne, il est vrai, il ne rend pas la vie aux hommes, mais il les conduit nécessairement jusqu'à la *décrépitude;* et ce n'est que par hasard que son père et son aïeul, qui avaient ce secret, sont morts fort jeunes. Les médecins reçoivent pour leur visite ce qu'on leur donne, quelques-uns se contentent d'un remercîment : Carro Carri est si sûr de son remède, et de l'effet qui en doit suivre, qu'il n'hésite pas de s'en faire payer d'avance, et de recevoir avant que de donner : si le mal est incurable, tant mieux, il n'en est que plus digne de son application et de son remède : commencez par lui livrer quelques sacs de mille francs, passez-lui un contrat de constitution, donnez-lui une de vos terres, la plus petite, et ne soyez pas ensuite plus inquiet que lui de votre guérison.

LXIII

Mme de Sévigné.

Mme de Sévigné (née à Paris, en 1627, morte en 1696) s'est immortalisée par son admirable correspondance, et, pour ainsi dire, sans y songer. Écrites avec le laisser-aller de l'intimité, d'un style vif, enjoué, naturel, parfois même négligé, ces lettres d'une mère à sa fille nous révèlent un des esprits les plus charmants qui aient existé.

MORT DE VATEL[1].

Je vous écrivis vendredi que Vatel s'était poignardé : voici l'affaire en détail : le roi arriva jeudi au soir : la promenade, la collation dans un lieu tapissé de jonquilles, tout cela fut à souhait. On soupa, il y eut quelques tables où le rôti manqua, à cause de plusieurs dîners à quoi l'on ne s'était point attendu; cela saisit Vatel, il dit plusieurs fois : « Je suis perdu d'honneur; voici un affront que je ne supporterai pas. » Il dit à Gourville : « La tête me tourne, il y a douze nuits que je n'ai dormi; aidez-moi à donner des ordres. » Gourville le soulagea en ce qu'il put. Le rôti qui avait manqué, non pas à la table du roi, mais au vingt-cinquième, lui revenait toujours à l'esprit. Gourville le dit à M. le prince. M. le prince alla jusque dans la chambre de Vatel, et lui

1. Maître d'hôtel du prince de Condé; on dit *un Vatel* pour désigner un cuisinier habile.

dit : « Vatel, tout va bien, rien n'était si beau que le souper du roi. » Il répondit : « Monseigneur, votre bonté *m'achève;* je sais que le rôti a manqué à deux tables. — Point du tout, dit M. le prince, ne vous fâchez pas, tout va bien. » Minuit vint, le feu d'artifice ne réussit pas, il fut couvert d'un nuage : il coûtait seize mille francs. A quatre heures du matin, Vatel s'en va partout, il trouve tout endormi, il rencontre un petit pourvoyeur qui lui apportait seulement deux charges de marée; il lui demanda : « Est-ce là tout? — Oui, monsieur. » Il ne savait pas que Vatel avait envoyé à tous les ports de mer. Vatel attend quelque temps : les autres pourvoyeurs ne vinrent point; sa tête s'échauffait, il crut qu'il n'aurait point d'autre marée; il trouva Gourville, il lui dit : « Monsieur, je ne survivrai point à cet affront-ci. » Gourville se moqua de lui. Vatel monte à sa chambre, met son épée contre la porte et se la passe au travers du cœur ; mais ce ne fut qu'au troisième coup, car il s'en donna deux qui n'étaient pas mortels, qu'il tombe mort. La marée cependant arrive de tous côtés ; on cherche Vatel pour la distribuer, on va à sa chambre, on heurte, on enfonce la porte, on le trouve noyé dans son sang ; on court à M. le prince, qui fut au désespoir. M. le duc pleura ; c'était sur Vatel que tournait tout son voyage de Bourgogne. M. le prince le dit au roi fort tristement : on dit que c'était à force d'avoir de l'honneur à sa manière ; on le loua fort, on loua et l'on blâma son courage. Le roi dit qu'il y avait cinq ans qu'il retardait de venir à Chantilly, parce qu'il comprenait l'excès de cet embarras. Il dit à M. le prince qu'il ne devait avoir que deux tables et ne point se charger du tout ; il jura qu'il ne souffrirait plus que M. le prince en usât ainsi ; mais c'était trop tard pour le pauvre Vatel. Cependant Gourville tâcha de réparer la perte de Vatel : elle fut réparée ; on dîna très-bien, on fit collation, on soupa, on se promena, on joua, on fut à la chasse ; tout était parfumé de jonquilles, *tout était enchanté.*

LXIV

Bourdaloue.

Louis Bourdaloue (né à Bourges, en 1632, mort en 1704) occupa pendant trente ans la chaire illustrée par Bossuet. « C'est le prédicateur par excellence. » Avant tout, il veut convaincre et il atteint son but sans chercher ni à plaire ni à éblouir. En l'entendant, on ne dit pas : « Qu'il parle bien ! » on dit : « Il a raison ! » C'est le plus rare et le plus beau des éloges.

LES EFFETS DE L'AMBITION.

C'est par le plus sage et le plus adorable de tous les *conseils*, que Dieu créant le monde et voulant y établir une société d'hommes vivant ensemble, et destinés à converser les uns avec les autres, y a distingué divers états et leur a assigné leurs devoirs. Suivant cette providence, il y a des conditions supérieures, et il y en a de *subordonnées;* il y en a d'éclatantes et il y en a d'obscures, toutes réglées par la sagesse divine et nécessaires pour maintenir la paix sur la terre et le bon ordre. Car sans cette diversité qui met l'un en pouvoir de commander et qui tient l'autre dans la dépendance, qui fait paraître celui-là dans la splendeur et qui réduit celui-ci à demeurer *dans les ténèbres*, quel renversement verrait-on dans le monde et que serait-ce que la société humaine? Mais cette disposition générale de la providence ne suffisait pas et il en fallait encore une plus particulière. Je veux dire qu'entre ces différentes conditions il fallait que Dieu, selon ses desseins et ses vues de *prédestination*, marquât à chacun des hommes et lui déterminât l'état particulier où il l'appelait. Or, c'est ce que Dieu a fait, tellement qu'il n'y a point d'homme qui n'ait une vocation propre, qu'il doit tâcher de bien connaître et qu'il est indispensablement obligé de suivre. Cependant, chrétiens, voici le désordre de l'ambition : elle nous tire de cette route où Dieu voulait nous conduire, et elle nous fait prendre une voie plus conforme aux désirs de notre cœur et à l'orgueil dont il se laisse enfler ; elle nous porte à un rang où nous ne devons point aspirer, puisqu'il est au-dessus de notre état, et elle nous entretient dans une négligence entière des obligations de notre état, où néanmoins nous devons vivre et nous perfectionner.

Quand cette passion s'est une fois emparée d'un esprit, vous savez l'*empire* qu'elle y exerce et jusqu'où l'on se porte pour la satisfaire. Il n'y a point de ressort que l'on ne remue, point d'artifice qu'on ne mette en œuvre, point de personnage que l'on ne fasse, on y fait même servir Dieu et la religion ; n'ayant rien d'ailleurs par où se distinguer, on tâche au moins de se distinguer par là, par là on s'introduit et on s'insinue, par là *on se transfigure* aux yeux des hommes ; de rien qu'on était, on devient quelque chose, et la piété qui, pour chercher Dieu, doit renoncer à tout, par un renversement déplorable se trouve utile à tout, hors à chercher Dieu et à le trouver, c'est cette passion qui viole tous les jours les plus saints devoirs de la justice et de la charité, cette concurrence d'ambition dans la poursuite des mêmes honneurs, voilà ce qui divise les esprits et qui entretient les partis et les cabales, ce qui suscite les querelles, ce qui produit les vengeances, ce qui est le levain des plus violentes inimitiés ; voilà pourquoi on se décrie et on se déchire les uns les autres ; voilà d'où naissent tant de fourberies et tant de calomnies qu'invente le désir de l'emporter sur autrui et de le supplanter. Qui pourrait dire combien elle fera de *réprouvés* au jugement de Dieu ?

LXV

Corneille.

Pierre Corneille (né à Rouen, en 1606, mort à Paris, en 1684) est le plus grand de nos poëtes. Si l'on tient compte du temps où il a vécu, de la médiocrité et du mauvais goût de ceux qui l'ont précédé, on est amené à reconnaître qu'il n'y eut jamais un génie *plus mâle et plus créateur*. On l'appelle à juste titre le grand Corneille. Il est le père de la tragédie française. *Le Cid* (1636), *Horace*, *Cinna*, *Polyeucte* sont des chefs-d'œuvre impérissables, dont les meilleures scènes sont écrites dans une langue qui n'a pas vieilli.

Dans la comédie du *Menteur*, Corneille ouvre la voie à Molière. Molière sera plus profond, mais n'aura pas plus de verve et d'entrain.

Le génie de Corneille eut des *défaillances*. Il produisit des pièces fort médiocres; mais l'on remarque dans toutes, çà et là, quelques-uns de ces beaux vers qui rappellent l'auteur du *Cid*.

EXTRAIT D'HORACE.

Rome et Albe étaient aux prises; pour épargner le sang de deux peuples, on décida que celui-là l'emporterait dont les champions seraient vainqueurs dans un *combat singulier*. Rome désigna les trois Horaces, Albe les trois Curiaces. Ce qui rend la situation encore plus *dramatique*, c'est que les Horaces et les Curiaces sont déjà unis par les liens du sang et que de nouvelles alliances sont projetées.

HORACE, CURIACE.

HORACE.

Le sort qui de l'honneur nous ouvre la barrière
Offre à notre constance une illustre matière ;
Il épuise sa force à former un malheur
Pour mieux se mesurer avec notre valeur ;
Et comme il voit en nous des âmes peu communes,
Hors de l'ordre commun il nous fait des fortunes
Combattre un ennemi pour le salut de tous,
Et contre un inconnu s'exposer seul aux coups,
D'une simple vertu c'est l'effet ordinaire :
Mille déjà l'ont fait, mille pourraient le faire ;
Mourir pour le pays est un si digne sort,
Qu'on briguerait en foule une si belle mort.
Mais vouloir au public immoler ce qu'on aime,
S'attacher au combat contre un autre soi-même,
Attaquer un parti qui prend pour défenseur
Le frère d'une femme et l'amant d'une sœur ;
Et, rompant tous ces nœuds, s'armer pour la patrie
Contre un sang qu'on voudrait racheter de sa vie;
Une telle vertu n'appartenait qu'à nous.
L'éclat de son grand nom lui fait peu de jaloux,

Et peu d'hommes au cœur l'ont assez *imprimée*,
Pour oser aspirer à tant de renommée.

CURIACE.

Il est vrai que nos noms ne sauraient plus périr.
L'occasion est belle, il nous la faut chérir.
Nous serons les miroirs d'une vertu bien rare :
Mais votre fermeté tient un peu du barbare ;
Peu, même des grands cœurs, tireraient vanité
D'aller par ce chemin à l'immortalité :
A quelque prix qu'on mette une telle *fumée*,
L'obscurité vaut mieux que tant de renommée.
Pour moi, je l'ose dire, et vous l'avez pu voir,
Je n'ai point consulté pour suivre mon devoir;
Notre longue amitié, l'amour, ni l'alliance,
N'ont pu mettre un moment mon esprit en balance;
Et puisque par ce choix Albe montre en effet
Qu'elle m'estime autant que Rome vous a fait,
Je crois faire pour elle autant que vous pour Rome ;
J'ai le cœur aussi bon, mais enfin je suis homme :
Je vois que votre honneur demande tout mon sang,
Que tout le mien consiste à vous percer le flanc,
Près d'épouser la sœur, qu'il faut tuer le frère,
Et que pour mon pays j'ai le sort si contraire.
Encor qu'à mon devoir je coure sans terreur ;

Mon cœur s'en effarouche et j'en frémis d'horreur ;
J'ai pitié de moi-même et jette un œil d'envie
Sur ceux dont notre guerre a consumé la vie,
Sans souhait toutefois de pouvoir reculer.
Ce triste et fier honneur m'émeut sans m'ébranler :
J'aime ce qu'il me donne, et je plains ce qu'il m'ôte ;
Et si Rome demande une vertu plus haute,
Je rends grâces aux dieux de n'être pas Romain,
Pour conserver encor *quelque chose d'humain.*

HORACE.

Ni vous n'êtes Romain, soyez digne de l'être,
Et si vous m'égalez, faites-le mieux paraître.
La solide vertu dont je fais vanité
S'admet point de faiblesse avec sa fermeté ;
Et c'est mal de l'honneur entrer dans la carrière
Que dès le premier pas regarder en arrière.
Notre malheur est grand ; il est au plus haut point :
Je l'envisage entier, mais je n'en frémis point :
Contre qui que ce soit que mon pays m'emploie,
J'accepte aveuglément cette gloire avec joie ;
Celle de recevoir de tels commandements
Doit étouffer en nous tous autres sentiments.
Qui, près de le servir, considère autre chose,
A faire ce qu'il doit lâchement se dispose ;

Ce droit saint et sacré rompt tout autre lien.
Rome a choisi mon bras, je n'examine rien.
Avec une allégresse aussi pleine et sincère
Que j'épousai la sœur, je combattrai le frère ;
Et pour trancher enfin ces discours superflus,
Albe vous a nommé, *je ne vous connais plus.*

CURIACE.

Je vous connais encore, et c'est ce qui me tue.
Mais cette âpre vertu ne m'était pas connue ;
Comme notre malheur, elle est au plus haut point :
Souffrez que je l'admire et ne l'imite point.

LXVI

La prière.

Quand vous avez prié, ne sentez-vous pas votre cœur plus léger et votre âme plus contente? La prière rend l'affliction moins douloureuse et la joie plus pure : elle mêle à l'une je ne sais quoi de fortifiant et de doux, et à l'autre un parfum céleste.

Que faites-vous sur la terre, et n'avez-vous rien à demander à Celui qui vous y a mis? Vous êtes un voyageur qui cherche la patrie. Ne marchez point la tête baissée; il faut lever les yeux pour reconnaître sa route. Votre patrie, c'est le ciel; et, quand vous regardez le ciel, est-ce qu'en vous il ne se remue rien? Est-ce que nul désir ne vous presse? ou ce désir est-il muet?

Il en est qui disent: « A quoi bon prier? Dieu est trop au-dessus de nous pour écouter de si chétives créatures. »

Et qui donc a fait ces créatures chétives? Qui leur a donné le sentiment, et la pensée, et la parole, si ce n'est Dieu? Et s'il a été bon envers elles, était-ce pour les délaisser ensuite et les repousser loin de lui?

En vérité, je vous le dis, quiconque dit dans son cœur que Dieu méprise ses œuvres, *blasphème* Dieu.

Il en est d'autres qui disent: « A quoi bon

prier Dieu? Dieu ne sait-il pas mieux que nous ce dont nous avons besoin? »

Dieu sait mieux que vous ce dont vous avez besoin, et c'est pour cela qu'il veut que vous le lui demandiez; car Dieu est lui-même votre premier besoin, et prier Dieu, c'est commencer à posséder Dieu. Le père connaît les besoins de son fils; faut-il à cause de cela que le fils n'ait jamais une parole de demande et d'actions de grâces pour son père?

LXVII

Bossuet.

Jacques-Bénigne Bossuet (né à Dijon, en 1627, mort en 1704), successivement évêque de Condom et de Meaux, précepteur du Dauphin, fut le plus grand des orateurs chrétiens. Ses *Oraisons funèbres* sont justement admirées; mais ses *Sermons*, ou plutôt ses *ébauches* de sermons qu'on a publiées après sa mort, nous donnent l'idée d'une éloquence plus admirable encore. — Les autres ouvrages de Bossuet sont : l'*Histoire universelle*, les *Élévations sur les mystères*, l'*Histoire des variations*, etc.

LA MORT.

Tout nous appelle à la mort : la nature, comme si elle était presque envieuse du bien qu'elle nous a fait, nous déclare souvent et *nous fait signifier* qu'elle ne peut pas nous laisser longtemps ce peu de matière qu'elle nous prête, qui ne doit pas demeurer dans les mêmes mains, et qui doit être éternellement *dans le commerce :* elle en a besoin pour d'autres formes. elle le redemande pour d'autres ouvrages.

Cette *recrue* continuelle du genre humain. je veux dire les enfants qui, à mesure qu'ils croissent et qu'ils s'avancent, semblent nous pousser de l'épaule, et nous dire : Retirez-vous, c'est maintenant notre tour. Ainsi, comme nous en voyons passer d'autres devant nous, d'autres nous verront passer qui doivent à leurs successeurs le même spectacle. O Dieu! encore une fois, qu'est-ce que de nous? Si je jette la vue devant moi, quel espace infini où je ne suis pas! si je la retourne en arrière, quelle suite effroyable où je ne suis plus! et que j'occupe peu de place dans cet abîme immense du temps! Je ne suis rien; un si petit intervalle n'est pas capable de me distinguer du néant : on ne m'a envoyé que pour faire nombre, encore n'avait-on que faire de moi, et la *pièce* n'en aurait pas été moins *jouée* quand je serais demeuré derrière le théâtre.

LXVIII

Fénelon.

François de Polignac de la Mothe-Fénelon (né en 1651, à Fénelon (Périgord), mort en 1715) est l'auteur du *Télémaque*, des *Traités de l'existence de Dieu* et l'*Éducation des filles*. Précepteur du duc de Bourgogne, il déplut à Louis XIV, qui le nomma archevêque de Cambrai, pour l'éloigner de la cour. Les grâces de son esprit, sa charité, son caractère tout à la fois doux et ferme, son éloquence persuasive lui gagnèrent tous les cœurs. Ce charme se trouve dans ses écrits, et l'on peut dire que Fénelon compte autant d'amis que de lecteurs.

IMPORTANCE DE L'ÉDUCATION DES FILLES.

Rien n'est plus négligé que l'éducation des filles. La *coutume* et le caprice des mères y décide souvent de tout : on suppose qu'on doit donner à ce sexe peu d'instruction. Il ne faut pas, dit-on, que les filles soient savantes, la curiosité les rend vaines et *précieuses :* il suffit qu'elles sachent gouverner un jour leur ménage, et obéir à leurs maris sans raisonner. On ne manque pas de se servir de l'expérience qu'on a de beaucoup de femmes que la science a rendues ridicules : après quoi on se croit en droit d'abandonner aveuglément les filles à la conduite des mères ignorantes et indiscrètes.

Il est vrai qu'il faut craindre de faire des savantes ridicules. Les femmes ont d'ordinaire l'esprit encore plus faible et plus curieux que les hommes, aussi n'est-il point à propos de les engager dans des études dont elles pourraient s'entêter. Elles ne doivent ni gouverner l'État, ni faire la guerre, ni entrer dans le ministère des choses sacrées ; ainsi elles peuvent se passer de certaines connaissances étendues, qui appartiennent à la politique, à l'art militaire, à la *jurisprudence*, à la philosophie et à la *théologie*. La plupart même des arts mécaniques ne leur conviennent pas : elles sont faites pour des exercices modérés. Leur corps aussi bien que leur esprit est moins fort et moins robuste que celui des hommes : en revanche, la nature leur a donné en partage l'industrie, la propreté et l'économie, pour les occuper tranquillement dans leurs maisons.

Mais que s'ensuit-il de la faiblesse naturelle des femmes? Plus elles sont faibles, plus il est important de les fortifier. N'ont-elles pas des devoirs à remplir, mais des devoirs qui sont les fondements de toute la vie humaine? Ne sont-ce pas les femmes qui mènent et qui soutiennent les maisons, qui règlent tout le détail des choses domestiques, et qui, par conséquent, décident de ce qui touche le plus près à tout le genre humain? Par là, elles ont la principale part aux bonnes ou aux mauvaises mœurs de presque tout le monde. Une femme judicieuse, appliquée, et pleine de religion, est l'âme de toute une grande maison : elle y met l'ordre pour les biens temporels et pour le salut. Les hommes même qui ont toute l'autorité en public ne peuvent par leurs délibérations établir aucun *bien effectif*, si les femmes ne leur aident à l'exécuter.

Le monde n'est point un fantôme, c'est l'assemblage de toutes les familles; et qui est-ce qui peut les *policer* avec un soin plus exact que les femmes qui, outre leur autorité naturelle et leur assiduité dans leur maison, ont encore l'avantage d'être nées soigneuses, attentives au détail, industrieuses, insinuantes et persuasives? Mais les hommes peuvent-ils espérer pour eux-mêmes quelque douceur dans la vie, si leur plus étroite société, qui est celle du mariage, se tourne en amertume? Mais les enfants, qui feront dans la suite tout le genre humain, que deviendront-ils si les mères les gâtent dès leurs premières années?

LXIX

Boileau.

Nicolas Boileau, surnommé Despréaux (né à Paris, en 1636, mort en 1711), continua l'œuvre entreprise par Malherbe. Il combattit le mauvais goût, signala à la risée publique les méchants poëtes, et montra que l'art véritable est un heureux mélange de raison et d'imagination. Il pratiqua lui-même les leçons qu'il donnait. Son influence fut considérable. — Ses principaux ouvrages sont : les *Épîtres*, les *Satires*, *l'Art poétique* et *le Lutrin*.

LES EMBARRAS DE PARIS AU XVIIe SIÈCLE.

Qui frappe l'air, bon Dieu! de ces lugubres cris?
Est-ce donc pour veiller qu'on se couche à Paris?

Et quel fâcheux démon, durant les nuits entières,
Rassemble ici les chats de toutes les gouttières?
J'ai beau sauter du lit, plein de trouble et d'effroi,
Je pense qu'avec eux *tout l'enfer* est chez moi :
L'un miaule en grondant comme un tigre en furie;
L'autre roule sa voix comme un enfant qui crie.
Ce n'est pas tout encor : les souris et les rats
Semblent, pour m'éveiller, s'entendre avec les chats.
Mais à peine les coqs, commençant leur ramage,
Auront de cris aigus frappé le voisinage,
Qu'un affreux serrurier, *laborieux Vulcain*,
Qu'éveillera bientôt l'ardente soif du gain,
Avec un fer maudit, qu'à grand bruit il apprête,
De cent coups de marteau me va fendre la tête.
J'entends déjà partout les charrettes courir,
Les maçons travailler, les boutiques s'ouvrir;
Tandis que dans les airs mille cloches émues
D'un funèbre concert font retentir les nues,
Et, se mêlant au bruit de la grêle et des vents,
Pour honorer les morts font mourir les vivants.
Encor je bénirais la bonté souveraine,
Si le ciel à ces maux avait borné ma peine;
Mais si, seul en mon lit, je peste avec raison,
C'est encor pis vingt fois en quittant la maison :

En quelque endroit que j'aille, il faut fendre la presse
D'un peuple d'importuns qui fourmillent sans cesse.
L'un me heurte d'un *ais* dont je suis tout froissé ;
Je vois d'un autre coup mon chapeau renversé.
Là, d'un enterrement la funèbre ordonnance
D'un pas lugubre et lent vers l'église s'avance ;
Et plus loin, des laquais, l'un l'autre s'agaçants,
Font aboyer les chiens et jurer les passants.
Des paveurs, en ce lieu, me bouchent le passage ;
Là, je trouve une croix de funeste présage,
Et des couvreurs, grimpés au toit d'une maison,
En font pleuvoir l'ardoise et la tuile à foison.
Là, sur une charrette une poutre branlante
Vient menaçant de loin la foule qu'elle augmente ;
Six chevaux attelés à ce fardeau pesant
Ont peine à l'émouvoir sur le pavé glissant.
D'un carrosse, en tournant, il accroche une roue,
Et du choc le renverse en un grand tas de boue ;
Quand un autre à l'instant, s'efforçant de passer,
Dans le même embarras se vient embarrasser.
Vingt carrosses bientôt, arrivant à la file,
Y sont en moins de rien suivis de plus de mille ;
Et, pour surcroît de maux, un sort malencontreux
Conduit en cet endroit un grand troupeau de bœufs.

Chacun prétend passer : l'un mugit, l'autre jure.
Des mulets en sonnant augmentent le murmure.
Aussitôt cent chevaux, dans la foule appelés,
De l'embarras qui croît ferment les défilés,
Et partout, des passants enchaînant les brigades,
Au milieu de la paix font voir les barricades.
On n'entend que des cris poussés confusément :
Dieu, pour s'y faire ouïr, tonnerait vainement.
Moi donc, qui dois souvent en certain lieu me rendre,
Le jour déjà baissant, et qui suis las d'attendre,
Ne sachant plus tantôt à quel saint me vouer,
Je me mets au hasard de me faire rouer;
Je saute vingt ruisseaux, j'esquive, je me pousse;
Guénaud [1] sur son cheval en passant m'éclabousse;
Et, n'osant plus paraître en l'état où je suis,
Sans songer où je vais, je me sauve où je puis.

1. Célèbre médecin.

LXX

Racine.

Jean Racine (né à la Ferté-Milon, en 1639, mort en 1699), est, après Corneille, le plus illustre de nos poëtes tragiques. A une profonde connaissance du cœur humain, il joint une rare science de la langue, un style riche, élégant, harmonieux, formé par l'étude assidue des grands maîtres de l'antiquité.

Ses principaux chefs-d'œuvre sont *Iphigénie*, *Andromaque*, *Phèdre*, *Britannicus* et *Athalie*.

SORT DES IMPIES.

Combien de temps, seigneur, combien de temps
Verrons-nous contre toi les méchants *s'élever?* [encore
Jusque dans ton saint temple il viennent te braver :

Ils traitent d'insensé le peuple qui t'adore [encore
Combien de temps, Seigneur, combien de temps
Verrons-nous contre toi les méchants s'élever?

Que vous sert, disent-ils, cette vertu sauvage?
De tant de plaisirs si doux
Pourquoi fuyez-vous l'usage?

Votre Dieu ne fait rien pour vous.
Rions, chantons, dit cette troupe impie,
De fleurs en fleurs, de plaisirs en plaisirs
Promenons nos désirs,
Sur l'avenir insensé qui se fie,
De nos ans passagers le nombre est incertain :
Hâtons-nous aujourd'hui de jouir de la vie;
Qui sait si nous serons demain?

Qu'ils pleurent, ô mon Dieu, qu'ils frémissent de
Ces malheureux qui de ta cité sainte [crainte,
Ne verront point l'éternelle splendeur.
C'est à nous de chanter, nous à qui tu révèles
Tes clartés immortelles;
C'est à nous de chanter tes dons et ta grandeur.

De tous ces vains plaisirs où leur âme se plonge
Que leur restera-t-il? Ce qui reste d'un songe

Dont on a reconnu l'erreur.
A leur réveil (ô réveil plein d'horreur !)
Pendant que le pauvre à ta table
Goûtera de ta paix la douceur *ineffable*,
Ils boiront dans *la coupe* affreuse, inépuisable,
Que tu présenteras au jour de ta fureur
A toute la race coupable.

LXXI

La religion.

Dieu a mis les hommes ensemble dans une société où ils doivent s'aimer et s'entre-secourir comme les enfants d'une même famille, qui ont un père commun. Chaque nation n'est qu'une branche de cette famille nombreuse qui est répandue sur la face de toute la terre. L'amour de ce père commun doit être *sensible*, manifeste et inviolablement régnant dans toute cette société de ses enfants bien-aimés. Chacun d'entre eux ne doit jamais manquer de dire à ceux qui naissent de lui: Connaissez le Seigneur, qui est votre père. Ces enfants de Dieu doivent publier ses bienfaits, chanter ses louanges, l'annoncer à ceux qui l'ignorent, en rappeler le souvenir à ceux qui l'oublient. Ils ne sont sur la terre que pour connaître ses perfections et accomplir sa volonté, que pour se communiquer les uns aux autres cette connaissance et cet amour céleste. Que serait-ce si cette famille était en société sur tout le reste, sans y être pour le culte d'un si bon père? Il faut donc qu'il y ait entre eux une société du culte de Dieu: c'est ce qu'on nomme religion; c'est-à-dire que tous les hommes doivent s'instruire, *s'édifier*, s'aimer les uns les autres, pour aimer et servir le père commun.

LXXII

Montesquieu.

Montesquieu (né près de Bordeaux en 1669, mort en 1755), s'est illustré par ses travaux sur la *Philosophie de l'histoire*. Il réunit les qualités les plus diverses, l'esprit, la finesse, l'observation, la profondeur.

Ses principaux ouvrages sont : les *Considérations sur les causes de la grandeur et de la décadence des Romains* et *l'Esprit des lois*.

DE LA VANITÉ ET DE L'ORGUEIL.

La paresse est l'effet de l'orgueil ; le travail est une suite de la vanité. L'orgueil d'un Espagnol le portera à ne pas travailler ; la vanité d'un Français le portera à savoir travailler mieux que les autres.

Toute nation paresseuse est grave : car ceux qui ne travaillent pas se regardent comme souverains de ceux qui travaillent.

Examinez toutes les nations et vous verrez que dans la plupart la gravité, l'orgueil et la paresse marchent du même pas.

Les peuples d'Athènes sont fiers et paresseux ; ceux qui n'ont point d'esclaves en louent un, ne fût-ce que pour faire cent pas et porter deux pintes de riz ; ils se croiraient déshonorés s'ils les portaient eux-mêmes.

Il y a plusieurs endroits de la terre où l'on se laisse croître les ongles pour marquer que l'on ne travaille point.

Les femmes des Indes croient qu'il est honteux pour elles d'apprendre à lire : c'est l'affaire, disent-elles, des esclaves qui chantent des cantiques dans les *pagodes.* Dans une *caste*, elles ne filent point ; dans une autre, elles ne font que des paniers et des *nattes*, elles ne doivent pas même piler le riz; dans d'autres, il ne faut pas qu'elles aillent quérir de l'eau. L'orgueil y a établi ses règles et il les fait suivre. Il n'est pas nécessaire de dire que les qualités morales ont des effets différents selon qu'elles sont unies à d'autres : ainsi l'orgueil, joint à une vaste ambition, à la grandeur des idées, etc., produisit chez les Romains les effets que l'on sait.

LXXIII

Rousseau.

Jean-Jacques Rousseau (né à Genève en 1712, mort en 1778) est l'écrivain le plus éloquent et le plus *paradoxal* du dix-huitième siècle. Ses écrits sont, comme sa vie, un mélange de belles et nobles aspirations et d'erreurs étranges, de généreuses protestations contre le matérialisme de son temps, et de contradictions ou de faiblesses regrettables. Nul mieux que lui n'a défendu la vérité, nul autant que lui n'a propagé des sophismes dangereux.

LE NOYER.

O vous, lecteurs curieux de la grande histoire du noyer de la terrasse, écoutez-en l'horrible tragédie, et vous abstenez de frémir si vous pouvez.

Il y avait alors hors de la porte de la cour une terrasse à gauche en entrant, sur laquelle on allait souvent s'asseoir l'après-midi, mais qui n'avait point d'ombre. Pour lui en donner, M. Lambercier[1] y fit planter un noyer. La plantation de cet arbre se fit avec solennité. Les deux pensionnaires[2] en furent les parrains, et, tandis qu'on comblait le creux, nous tenions l'arbre chacun

1. C'était le maître de pension de Rousseau.
2. Rousseau et son cousin.

d'une main, avec des chants de triomphe. On fit pour l'arroser une espèce de bassin tout autour du pied. Chaque jour, ardents spectateurs de cet arrosement, nous nous confirmions, mon cousin et moi, dans l'idée très-naturelle qu'il était plus beau de planter un arbre sur la terrasse qu'*un drapeau sur la brèche;* et nous résolûmes de nous procurer cette gloire, sans la partager avec qui que ce fût.

Pour cela, noûs allâmes couper une bouture de jeune saule et nous la plantâmes sur la terrasse à huit ou dix pieds de l'auguste noyer. Nous n'oubliâmes pas de faire aussi un creux autour de notre arbre. La difficulté était d'avoir de quoi le remplir, car l'eau venait d'assez loin et on ne nous laissait pas courir pour en aller prendre. Cependant il en fallait absolument pour notre saule. Nous employâmes toutes sortes de ruses pour lui en fournir durant quelques jours et cela nous réussit si bien que nous le vîmes bourgeonner et pousser de petites feuilles dont nous mesurions l'accroissement d'heure en heure, persuadés, quoiqu'il ne fût pas à un pied de terre, qu'il ne tarderait pas à nous ombrager.

Comme notre arbre, nous occupant tout entiers, nous rendait incapables de toute occupation, de toute étude, que nous étions tout en délire, et que, ne sachant *à qui nous en avions*, on nous tenait de plus court qu'auparavant, nous vîmes l'instant fatal où l'eau allait nous manquer, et nous nous désolions dans l'attente de voir notre arbre périr de sécheresse. Enfin la nécessité, mère de l'industrie, nous suggéra une invention pour garantir l'arbre et nous d'une mort certaine : ce fut de faire par-dessous terre une rigole qui conduisit secrètement au saule une partie de l'eau dont on arrosait le noyer. Cette entreprise exécutée avec ardeur, ne réussit pourtant pas d'abord. Nous avions si mal pris la pente que l'eau ne coulait point. La terre s'éboulait et bouchait la rigole ; l'entrée se remplissait d'ordures, tout allait de travers. Rien ne nous rebuta. Nous creusâmes davantage la terre et notre bassin pour donner à l'eau son écoulement ; nous coupâmes des fonds de boîtes en petites planches étroites, dont les unes mises de plat à la file et d'autres posées en angle des deux côtés sur celles-là, nous firent un canal triangulaire pour notre conduit.

Nous plantâmes, à l'entrée de petits bouts de bois mince et en claire-voie qui, faisant une espèce de grillage ou de crapaudin, retenaient le limon et les pierres sans boucher le passage à l'eau. Nous recouvrîmes soigneusement notre ouvrage de terre bien foulée, et le jour où tout fut fait, nous attendîmes, dans des *transes* d'espérance et de crainte, l'heure de l'arrosement. Après des *siècles d'attente*, cette heure vint enfin ; M. Lambercier vint aussi à son ordinaire assister à l'opération, durant laquelle nous nous tenions derrière lui pour cacher notre arbre, auquel, très-heureusement, il tournait le dos.

A peine achevait-on de verser le premier sceau d'eau que nous commençâmes d'en voir couler dans notre bassin. A cet aspect, la prudence nous abandonna : nous nous mîmes à pousser des cris de joie qui firent retourner M. Lambercier et ce fut grand dommage, car il prenait grand plaisir à voir comment la terre du noyer était bonne et buvait avidement son eau. Frappé de la voir se partager entre deux bassins, il s'écrie à son tour, regarde, aperçoit la *friponnerie*, se fait brusquement apporter une pioche, donne un coup, fait voler deux ou trois éclats de nos planches et criant à pleine tête : « Un aqueduc ! un aqueduc ! » il frappe de toutes parts des coups impitoyables, dont chacun portait au milieu de nos cœurs. En un moment, les planches, le conduit, le bassin, le saule, tout fut détruit, tout fut labouré sans qu'il y eût durant cette expédition terrible nul autre mot prononcé, sinon l'exclamation qu'il répétait sans cesse. « Un aqueduc! s'écria-t-il en brisant tout, un aqueduc! un aqueduc! »

On croira que l'aventure finit mal pour les petits *architectes :* on se trompera. Tout fut fini. M. Lambercier ne nous dit pas un mot de reproche, ne nous fit pas plus mauvais visage et ne nous en parla plus ; nous l'entendîmes même un peu après rire auprès de sa sœur à gorge déployée : car le rire de M. Lambercier s'entendait de loin ; et, ce qu'il y eut de plus étonnant encore, c'est que, passé le premier saisissement, nous ne fûmes pas nous-mêmes fort affligés. Nous plantâmes ailleurs un autre arbre, et nous nous rappelions souvent la catastrophe du premier en répétant entre nous *avec emphase :* « Un aqueduc! un aqueduc! »

LXXIV

Buffon.

Buffon (né à Monsbard en 1707, mort en 1788), célèbre naturaliste, plus remarquable par la puissance de son imagination que par la *justesse de ses vues*. Il a décrit les mœurs et la conformation des animaux avec un art infini. Le savant peut être dépassé et l'a été; le peintre est incomparable.

LA FAUVETTE.

Le triste hiver, saison de mort, est le temps du sommeil ou plutôt de la torpeur de la nature ; les insectes sans vie, les reptiles sans mouvement, tous les habitants de l'air détruits ou *relégués*, ceux des eaux renfermés dans des prisons de glace, et la plupart des animaux terrestres confinés dans les cavernes, les antres et les terriers : tout nous présente les images de la langueur et de la dépopulation ; mais le retour des oiseaux au printemps est le premier signal et la douce annonce du réveil de la nature vivante ; et les feuillages renaissants et les bocages revêtus de leur nouvelle parure, sembleraient moins frais et moins touchants sans les nouveaux hôtes qui viennent les animer.

De ces hôtes des bois, les fauvettes sont les plus nombreuses, comme les plus aimables : vives, agiles, légères et sans cesse remuées, tous leurs mouvements *ont l'air du sentiment* et tous leurs accents le ton de la joie. Ces jolis oiseaux arrivent au moment où les arbres développent leurs feuilles et commencent à laisser épanouir leurs fleurs; ils *se dispersent* dans toute l'étendue de nos campagnes ; les unes viennent habiter nos jardins, d'autres préfèrent les avenues et les bosquets, plusieurs espèces s'enfoncent dans les grands bois, et quelques-unes se cachent au milieu des roseaux. Ainsi les fauvettes remplissent tous les lieux de la terre, et les animent par les mouvements et et les accents de leur tendre gaieté.

LXXV

Voltaire.

Arouet de Voltaire, né à Paris, en 1694 mort la même année que Rousseau, 1778, est peut-être le seul homme dont on ait pu dire qu'il personnifiait l'esprit de son siècle. Tout à la fois léger et sérieux, railleur et enthousiaste, souple et hautain, méprisant le peuple et désirant la démocratie intellectuelle, pourvu qu'elle le reconnût pour son chef, attaquant les croyances les plus sacrées, et sentant vivement qu'elles sont le fond même de la moralité humaine, cultivant tous les genres de littérature, historien, critique, philosophe, poëte tragique, auteur d'une épopée et d'un grand nombre de poésies légères, Voltaire réunit dans son talent exceptionnel tous les contrastes et toutes les aptitudes.

AIDONS-NOUS LES UNS LES AUTRES.

Dans nos jours passagers de peines, de misères,
Enfants d'un même Dieu, vivons du moins en frères;
Aidons-nous l'un et l'autre à porter nos fardeaux.
Nous marchons tous courbés sous le poids de nos maux;
Mille ennemis cruels assiégent notre vie,
Toujours par nous maudite, et toujours si chérie.
Quelquefois, dans nos jours consacrés aux douleurs,
Par la main du plaisir nous essuyons nos pleurs;
Mais le plaisir s'envole et passe comme une ombre :
Nos chagrins, nos regrets, nos pertes sont sans nombre,
Notre cœur égaré, sans guide et sans appui,
Est brûlé de désirs ou glacé par l'ennui.
Nul de nous n'a vécu sans connaître les larmes.
De la société les secourables charmes

Consolent nos douleurs au moins quelques instants ;
Remède encor trop faible à des maux si constants.
Ah ! n'empoisonnons pas la douceur qui nous reste.
Je crois voir des *forçats*, dans leur cachot funeste,
Se pouvant secourir, l'un sur l'autre acharnés,
Combattre avec les fers dont ils sont enchaînés.

FIN.

TABLE DES MATIÈRES.

FIN DE LA TABLE.

10950. — IMPRIMERIE GÉNÉRALE DE CH. LAHURE
Rue de Fleurus, 9, à Paris

Imp. gén. de Ch. Lahure, rue de Fleurus, 9, à Paris.

www.ingramcontent.com/pod-product-compliance
Ingram Content Group UK Ltd.
Pitfield, Milton Keynes, MK11 3LW, UK
UKHW020440200726
13857UKWH00002B/502

9 782012 958616